1001
IDEAS
para
CUIDAR AL BEBÉ

Grupo ROBIN BOOK

Barcelona - México
Buenos Aires

1001 IDEAS

para
CUIDAR AL BEBÉ

Susan Benjamin
Traducción de Marta Zurilla

ROBIN BOOK

© 2011, Ediciones Robinbook, s. l., Barcelona

Diseño de cubierta: Regina Richling

Fotografía de cubierta: iStockphoto© Lise Gagne

Diseño interior: Lídia Estany para iScriptat

ISBN: 978-84-9917-094-7

Depósito legal: B-1.224-2011

Impreso por Limpergraf, Mogoda, 29-31 (Can Salvatella), 08210 Barberà del Vallès

Impreso en España - Printed in Spain

Contenido

Introducción 11

EL NIÑO DE 0 A 3 MESES **13**
¿Soy una mala madre por no dar de mamar a mi bebé? 14
Me repugna curarle el cordón umbilical 18
¿Para qué sirve exactamente la incubadora? 22
¿Puedo hacerle daño si no lo cojo bien? 25
¡No sé por qué llora! 29
Mi hija se ha despertado con la cara arañada.......................32
¿Boca arriba, boca abajo o de lado?................................35
Chupete sí, chupete no 38
¿Tiene que beber agua?...42
¿Puedo aliviar sus cólicos con un masaje?..........................46
¿Cómo sabré si está enfermo? 51
Mi hijo parece un surtidor...55
Esterilizar o no esterilizar, esa es la cuestión 58
¡Vamos a la calle! 61
Mi recién nacido tiene la piel amarilla 65
Los angiomas y otros fenómenos inquietantes 68
No consigo que mi hijo eructe 72
Mi bebé tiene hipo cada dos por tres...............................75
A mi bebita le encanta chapotear 78
¿Y si deja de respirar?..83
¡Es todo tan remonísimo! 87
¿Me reconoce mi hija?..91
¿Qué vamos a hacer hoy? 94
¿Cómo sabré si tiene frío o calor? 97
Este niño se queda con hambre......................................100

Contenido
Susan Benjamin

EL NIÑO DE LOS 4 MESES AL AÑO

¡El culito de mi bebé es un poema! 104
Me gustaría que durmiera toda la noche de un tirón 107
¿De verdad tienen que pincharle? 112
¿Qué podemos hacer hoy? La estimulación de los 4 a los 12 meses 116
Guardería sí, guardería no 119
¿No estará muy solito? 123
¡A mi niña le han salido escamas en el cuero cabelludo! 127
¡El más bonito para mi niño! 130
Zapatos: no gracias. 133
¿Cómo puedo prevenir la bronquiolitis? 136
¿Es grave la gastroenteritis? 140
¡Todos a bordo! 144
Esos artefactos llamados sacaleches 148
Mi pequeño tiene fiebre. 153
¡A mi niño le han salido ronchas por todo el cuerpo! 157
¿Cómo consigo que se tome el jarabe? 160
Mi hija no quiere el biberón 164
Mi hijo no para de babear 168
¿Es normal que le cueste orinar? 172
¿Qué hago si le cuesta respirar? 176
Mi pequeño tiene la boca llena de manchas blancas 179
¡Se me ha derramado el café sobre la pierna del bebé! 183
¿Qué es esa mancha roja? 187
Me parece que mi hijo va estreñido 189

EL NIÑO DE 1 A 2 AÑOS 193

¡Mi bebé ha dado sus primeros pasitos! 194
¿Cuándo dirá mamá? 198
¿Cómo se contagia la varicela? 203
Mi pequeño tose mucho 206
¿Qué pasa si mi hijo se traga algún objeto? 210

Mi papá habla en castellano y mi mamá en inglés 213
¡Pero si los monstruos no existen! 217
No, no y no 220
¡Eso no se bebe! 224
¿Amenazas o recompensas? 228
La primera visita al dentista 231
Mi pequeña ha pegado a su hermana 235
Dejemos volar la imaginación 239
¿Se debe operar el frenillo lingual? 242
¡Veo peligros por todas partes! 245
¡Al agua patos! 249
¿A qué se debe la luxación de cadera? 253
¿Qué filtro solar debo usar para mi pequeña? 256

EL NIÑO DE LOS 2 A LOS 3 AÑOS **259**
Yo tengo pene y tú vulva 260
En el orinal no, mamá 263
¡Esto no me gusta! 268
A mi hijo lo tienen que operar 271
Mi hijo ha hecho un amiguito en el parque 273
Mamá es tonta 276
Ya me visto solo 280
Yo pongo la mesa 284
A mi hijo se le escapa el pis por la noche 288
Quiero jugar con el ordenador 294
Quiero ver dibujitos 297
¡Todos al cole! 300
¿Nos vamos al parque? 304
El hombre de la bata blanca 309
¡No hay manera de que se concentre! 312
Esto es mío 315
Pegar o no pegar, esa es la cuestión 317

Contenido
Susan Benjamin

Me han dicho que las otitits duelen mucho...320
Creo que mi hijo tiene apendicitis 323
¡Mi hijo tiene piojos! 325
¿Cuáles son los síntomas de la neumonitis? 329

Introducción

La paternidad es una de las mayores aventuras en las que podemos embarcarnos a lo largo de nuestra vida. De hecho ninguna experiencia resulta tan gratificante e intensa y, a la vez, tan aterradora e incierta. Y es que a ser padre se aprende siendo padre, porque los hijos no vienen con un libro de instrucciones bajo el brazo, ni siquiera traen un decálogo básico. Por eso he escrito este libro, para compartir mi experiencia como madre y como sicóloga infantil con todo aquel que sienta la necesidad de ampliar sus conocimientos en este tema y con los padres primerizos que afrontan este desafío por primera vez. Y lo he escrito con la esperanza de serte útil y dar respuesta a algunas de las miles de dudas y preguntas que te asaltarán a lo largo de los primeros años de vida de tus hijos.

Los padres perfectos no existen, son una invención de la publicidad y las películas. Sin embargo, son muchas las cosas que puedes hacer por tu hijo, por ayudarle a convertirse en una persona crítica y capaz. Así que, confórmate con quererle mucho, con estar a su lado, con poder echarle una mano siempre que lo necesite, con no darte por vencido cuando las cosas no salgan como esperabas y con dedicar a tu pequeño todo el tiempo que te sea posible, tanto físico como mental. No puedes proteger a tus hijos de las penalidades de la vida, en realidad no debes hacerlo. Tu objetivo debe ser convertir a tu pequeño en una persona fuerte, consciente de sus capacidades y limitaciones, capaz de disfrutar de la vida y de afrontar todo aquello que le depare el futuro.

No puedo dejar de pensar en lo fácil que habría sido mi vida si antes de tener mi primera hija hubiera sabido todo lo que sé ahora, después de haber criado a mis tres hijos y de toda la experiencia acumulada como sicóloga infantil. Creo sinceramente que puedo aportar mi granito de arena en hacer que tu vida resulte un poco más fácil. Si estás seguro de lo que haces, tus miedos y tus dudas desaparecerán o como mínimo disminuirán, y conseguirás relajarte un poco. Y entonces podrás disfrutar mucho más de esta experiencia única y fabulosa que es la paternidad. Te aseguro que todos lo agradeceréis.

El libro está dividido en cuatro apartados básicos que siguen la evolución natural del niño, desde que nace hasta que alcanza su tercer cumpleaños. Pero dichos apartados tan solo son orientativos, ya que no todos los niños se desarrollan al mismo ritmo; lo que un niño consigue dominar o descubrir a los tres meses otro puede no conseguirlo hasta los cinco sin que por ello sufra ningún retraso preocupante. De hecho hay capítulos que podrían aparecer en más de un apartado, porque las distintas facetas del comportamiento humano están íntimamente relacionadas entre sí. Cada uno de esos grandes apartados aparece subdividido a su vez en varios capítulos, todos ellos breves y directos. Plantean un tema concreto, aportan información detallada y proponen soluciones específicas. En realidad este libro puede usarse de muchas maneras. Mi consejo es que hagas una primera lectura de principio a fin, para hacerte una idea general del tipo de información que puedes encontrar en sus páginas, y que luego leas con más atención aquellos capítulos que te interesen en cada momento, según el nivel evolutivo de tu pequeño o los problemas que esté afrontando este.

No olvides nunca que este libro debe ser simplemente una herramienta más, pero que eres tú quien en último término debe decidir qué es lo mejor para tu hijo dejándote guiar por el sentido común y la intuición. Y ánimo. Piensa que no eres el primero ni el último que se enfrenta con las responsabilidades de la paternidad, que quien más y quien menos ha pasado por ello y que lo importante es que al final del camino te sientas feliz y satisfecho.

EL NIÑO DE 0 A 3 MESES

¿Soy una mala madre por no dar de mamar a mi bebé?

¿Leche materna o leche artificial?

Este es un dilema clásico al que tienen que enfrentarse todas las madres. En principio parece claro que la leche materna ofrece muchas ventajas frente a la leche de fórmula: cada madre produce una leche específicamente diseñada para su bebé que satisface sus necesidades y fortalece su sistema inmunológico, es muy cómoda porque solo requiere el pecho de la madre y además resulta mucho más barata que la leche de fórmula.

Dicho esto, debes tener claro que no serás ni mejor ni peor madre por el hecho de darle uno u otro tipo de leche. Se trata de una elección personal en la que pueden influir muchos factores. Y tienes derecho a realizarla libremente y sin presiones. Eres tú, y solo tú, la que debe tomar esa decisión. No te dejes calentar la cabeza ni por tu médico, ni por tu comadrona, ni por tu madre, ni por tu suegra. Es algo entre tú y el pequeño. Y una vez tomes la decisión, no tienes por qué justificarte ni por qué dar explicaciones a los que te rodean, con excepción de tu pareja siempre que se muestre respetuosa y razonable.

¿Cuándo tomo la decisión?

Cuando te pongas de parto te preguntarán, entre otras muchas cosas, si piensas amamantar a tu bebé. Es preferible que para cuando llegue ese momento ya hayas tomado una decisión y lo tengas claro, porque en el paritorio las emociones y las tensiones podrían jugarte una mala pasada.

Si tienes claro que prefieres el biberón, en el hospital mismo te suministrarán unas pastillas para detener la subida de la leche. Si a pesar de haberle dado muchas vueltas sigues sin tenerlo claro, te aconsejo que pruebes a darle el pecho. Los primeros días las mamas segregan una sustancia llamada *calostro* que fortalece el sistema inmunológico del pequeño. Si pasados unos días ves que la lactancia no funciona o te sientes incómoda, o simplemente cambias de idea y decides pasar a la leche de fórmula, habla con tu tocólogo o con tu comadrona. Ellos

te explicarán lo que debes hacer para que se te retire la leche y te indicarán la dosis de leche artificial que debe tomar el bebé.

¿Y si mi leche no le alimenta lo suficiente?

Seguro que has oído alguna vez eso de "es que el bebé se queda con hambre" porque "la leche de la madre no le alimenta lo suficiente". A algunas madres y suegras les encantan este tipo de argumentos. Pues bien, esas afirmaciones no tienen ningún fundamento. Si la madre está sana, su leche es perfecta para alimentar al bebé. Y si el problema es que no tienes mucha cantidad, ofrécele el pecho más a menudo y así la producción de leche aumentará. No hay más secretos. Mientras el bebé aumente de peso, algo que tu pediatra controlará en las revisiones habituales, no tienes de qué preocuparte.

> "La lactancia materna es la mejor alimentación que puede tener un niño durante sus seis primeros meses de vida."
>
> Alfonso Delgado,
> presidente de la Asociación
> Española de Pediatría (AEP)

¿Cuándo debo ofrecerle el pecho?

La mayoría de pediatras aconsejan dar el pecho a demanda. Eso significa literalmente siempre que el niño quiera. Las primeras semanas eso suele ser así quieras o no quieras, ya que el bebé todavía no ha cogido una rutina, la madre es inexperta (si es primeriza) y el flujo de leche todavía no se ha estabilizado. Pero transcurridas las primeras semanas puedes intentar marcar una pauta más o menos regular. Durante el día le ofrecerás el pecho cada tres o cuatro horas y en ningún caso dejarás que el niño duerma más de cinco horas seguidas sin darle de comer. Por la noche le dejarás dormir tanto como quiera ya que el objetivo es que duerma el máximo de horas seguidas y que así los padres también podáis descansar un poco. Si tu bebé reclama la comida antes de las tres horas, ofrécele el pecho pero, poco a poco, y con paciencia, intenta que vaya alargando los tiempos. Tranquila, no le va a pasar nada por esperar un ratito.

¿Por qué me duele tanto darle el pecho?

Dar el pecho no debe doler. Si tienes molestias es porque no te colocas bien al bebé o porque te ha salido alguna grieta en el pezón. En ambos casos debes preguntar a tu médico o a la comadrona. Pídeles que te enseñen a colocar bien al niño y que te receten alguna crema para cicatrizar las grietas.

¿Y si no consigue cogerse al pezón?

Hay mujeres que tienen los pezones planos o invertidos, algo que puede dificultar la lactancia.

● En el caso de los pezones planos: basta con realizar unos ejercicios muy simples durante el embarazo para prepararlos.

● En el caso de los pezones inverti-dos: puedes utilizar unas pezoneras y realizar esos mismos ejercicios. Si el tuyo es un embarazo de riesgo debes consultar a tu médico ya que una es-timulación excesiva de los pezones podría provocar contracciones antes de tiempo.

 ### ¿Qué es la mastitis?

Es una infección que puede afectar a uno o ambos senos. Una de cada 20 mujeres que amamantan la padece, sobre todo durante las primeras se-manas. En caso de mastitis debes acudir de inmediato al médico. Este te recetará un antibiótico y te contará que otras medidas debes adoptar. Los síntomas son los siguientes:

● Pechos doloridos e hinchados
● Fiebre alta
● Dolor intenso

A TENER EN CUENTA:

★ Para el bebé es mucho mejor tomar biberones y notar a mamá relajada, que beber leche materna de una mamá estresada o disgustada.

OTROS CONSEJOS PRÁCTICOS:

★ No esperes a que te salga una grieta; date una crema específica en el pezón desde la primera vez que le ofrezcas al pecho, para prevenir.
★ Toma un poco el sol en top-less antes de que nazca el pequeño; así fortalecerás los pezones.

Me repugna curarle el cordón umbilical

 ### ¿Qué es eso negro que le cuelga?

Durante el parto, después de la expulsión del bebé, el médico coloca una pinza en el cordón umbilical, cerca del ombligo del pequeño, y luego lo corta. Lo que ves al mirarle el ombligo a tu pequeño es lo que queda tras cortar el cordón umbilical, un muñón que se irá secando y ennegreciendo poco a poco hasta desprenderse por completo y dejar un ombligo totalmente cicatrizado.

 ### ¿Qué debemos usar para curarlo?

- Gasas esterilizadas
- Alcohol de 70°
- Algún desinfectante, tipo mercromina blanca.

 ### ¿Qué no debemos usar para curarlo?

✳ Productos que contengan povidona iodada (como el Betadine): puede provocar un bloqueo transitorio de la función tiroidea por exceso de yodo.

✳ Mercurocromo y polvos sulfamida (como la mercromina roja o los polvos de talco): pueden causar reacciones contraindicadas en la piel.

 ### ¿Cómo tengo que cuidar ese muñón?

✳ Levanta el trozo de cordón con suavidad, sin tirar de él, para poder mojar con comodidad la zona que queda entre este y el ombligo propiamente dicho.

✳ Vierte con cuidado un poco de alcohol sobre esta zona.

✳ Empápala luego con un desinfectante tipo mercromina blanca.

✹ Coloca una gasa entre la pinza y la piel, enrollándola un poco sobre la pinza, para evitar que esta moleste al bebé.

✹ Ponle el pañal de forma que cubra la gasa y la sujete, para que no se mueva y para que la zona no se manche de heces y orines y acabe infectándose.

Hay que limpiarlo como mínimo dos veces al día, una de ellas después del aseo diario. El cordón suele tardar entre 3 y 15 días en desprenderse definitivamente. En cuanto se le haya caído debes seguir curándole unos cuantos días. Sabrás que el ombligo está totalmente cicatrizado y que puedes abandonar los cuidados cuando la gasa salga completamente limpia dos días seguidos.

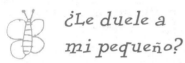

¿Le duele a mi pequeño?

A pesar de su aspecto desagradable y de la aparatosa pinza que cuelga de él, a tu bebé el ombligo no le duele ni le escuece. Lo único que siente es la sensación de frío cuando le aplicas el alcohol.

> "Sanidad potenciará las donaciones de sangre del cordón umbilical con carácter altruista para que se almacene en bancos públicos."
>
> RAFAEL MATESANZ,
> DIRECTOR DE LA ORGANIZACIÓN
> NACIONAL DE TRANSPLANTES (ONT)

No hagas caso de la gente que te diga que si le pones una faja o una moneda le quedará un ombligo más bonito. Ahórrale incomodidades. El tipo de ombligo que le quede dependerá únicamente de la genética. Si al caerse el cordón le queda el ombligo abultado o feo, no te preocupes. Normalmente este se reabsorbe de forma espontánea pasados unos meses y su aspecto mejora.

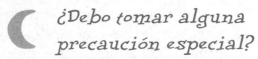

¿Debo tomar alguna precaución especial?

Lo más importante es mantenerlo limpio y bien seco. Si se mancha de heces u orines, debes lavarlo sin miedo con agua y jabón, secarlo bien y luego aplicar el alcohol o el desinfectante. Si se moja con agua mientras lo aseas, sécaselo bien con una gasita esterilizada.

Debes llevarle al médico para que determine si tiene una infección y le ponga el tratamiento adecuado:

- Si aparecen secreciones amarillentas
- Si la piel que rodea el ombligo se pone roja
- Si parece que la zona le duele al tacársela
- Si empieza a oler mal

¿Y si le sangra?

A veces el ombligo sangra un poquito. Si se trata solo de unas gotas, no debes alarmarte. No olvides que se trata de una cicatriz. Ahora bien, si al retirar la gasa que lo tapa, descubres que esta está empapada en sangre, podría tratarse de un trastorno de la coagulación. Deberás llevarlo al médico para que haga una valoración. También deberás llevarlo al médico si cuatro días después de que se le desprenda la gasa sigue saliendo manchada, y si transcurrido un mes sigue sin caérsele. Lo que no debes hacer nunca es arrancarlo, aunque el cordón esté prácticamente colgando de un hilillo, ya que podrías provocarle una hemorragia grave al niño.

 ## ¿Qué es un granuloma?

Si cuando a tu hijo se le cae el cordón umbilical le queda un bulto rosado y brillante es que tiene un granuloma. No es nada maligno y se trata con nitrato de plata, una sustancia cuya única contraindicación es que mancha la piel. Y también la ropa, que hagas lo que hagas seguirá manchada.

A TENER EN CUENTA:

★ Si te repugna curarle el ombligo, pídele a tu pareja que se encargue de esa parte. Y recuerda, hay que dejar que se desprenda solo.

¿Para qué sirve exactamente la incubadora?

Tener que abandonar el hospital después de haber dado a luz sin llevar a tu bebé en brazos resulta terriblemente duro e injusto, pero a veces no queda más remedio. Los niños prematuros o que nacen con algún problema debido a la falta de madurez suelen quedarse ingresados en el hospital metidos en una incubadora, un receptáculo que a os padres les parece frío y cruel, pero que es vital para su pequeño.

¿Qué niños deben permanecer en una incubadora?

- Niños prematuros.
- Niños incapaces de mantener la temperatura corporal.
- Niños con alguna enfermedad.
- Niños que precisan atenciones especiales.

Funciones de la incubadora:

✻ Proporcionar calor: es su función principal. Cuanto más pequeño es un bebé, más le cuesta conservar el calor y, por lo tanto, mantener la temperatura corporal adecuada. Si no lo metieran en la incubadora tendría que concentrar todas sus fuerzas en dicho cometido y apenas le quedaría energía para crecer. El enfriamiento podría causarle asimismo problemas respiratorios.

✻ Mantener el grado de humedad adecuado.

✻ Proporcionar niveles de oxígeno más altos: casi todos los bebés prematuros tienen problemas respiratorios y precisan de oxígeno adicional.

✻ Evitar la contaminación del ambiente: es un espacio aislado libre de agentes infecciosos.

✻ Facilitar la observación del pequeño: las incubadoras están hechas con materiales transparentes y, como están calientes, permiten tener al niño desnudo. Todo ello facilita el trabajo de médicos y enfermeras, que pueden observar cualquier parte de su cuerpo de forma fácil e inmediata.

✳ Permitir el contacto entre los padres y el bebé: están equipadas con unas aberturas que permiten introducir las manos y acariciar al pequeño. Este contacto puede parecer insuficiente a los padres, pero es muy importante para el bebé.

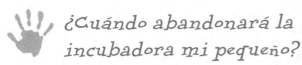 ¿Cuándo abandonará la incubadora mi pequeño?

El recién nacido permanecerá en la incubadora hasta que alcance el peso adecuado o supere el problema que le obligaba a estar en ella. Antes de abandonar definitivamente el hospital pasará unos días en una cuna normal. De este modo los médicos podrán observar cuál es su evolución en condiciones normales.

"La incubadora funciona como una especie de útero artificial. Tiene un control de temperatura, humedad y oxígeno. Dispone de luz ultravioleta, para los bebés con ictericia, y una especie de aspirador para succionar las vías respiratorias del bebé."

LOLA ROVATI, PEDIATRA

A TENER EN CUENTA:

★ El hospital 12 de Octubre de Madrid es el primero que ha implementado el 'Método Canguro', que permite que la madre esté ininterrumpidamente con su bebé, en vez de tenerlo en una incubadora.

¿En qué consiste el 'Método Canguro'?

✸ El bebé se coloca sobre el cuerpo de la madre y se sujeta a él envolviéndolo con una tela, para que quede pegado a su torso; como está en posición vertical puede alimentarse con leche materna.

✸ El bebé prematuro recibe el calor de su propia madre estando en contacto piel con piel con ella.

✸ El rol termorregulador de la madre y la estimulación temprana son factores claves para el buen desarrollo del bebé.

✸ Comenzó a usarse en Colombia debido a la falta de incubadoras, pero se ha extendido por otros países gracias a sus numerosos beneficios.

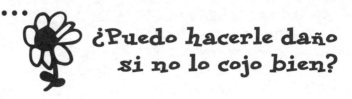

¿Puedo hacerle daño si no lo cojo bien?

Durante los tres primeros meses de vida, al bebé le cuesta sostener la cabeza. Eso se debe a que la cabeza de los recién nacidos es proporcionalmente muy grande con respecto al resto de su cuerpo. Además, sus músculos del cuello y de la espalda todavía no se han desarrollado y no tienen la fuerza necesaria para sostenerla bien, de modo que el pequeño debe realizar un gran esfuerzo para ello.

"Muchas veces cojo la mano de la madre, le enseño el lugar exacto donde está la fontanela y le hago palpar ese redondelito blando en el cráneo de su bebé, para que pierda el miedo."

FÉLIX NOTARIO, PEDIATRA

¿Puedo hacerle daño
si no lo cojo bien?
Susan Benjamin

A TENER EN CUENTA:

★ No te obsesiones con su cabeza; la membrana que forma las fontanelas es muy resistente y su cuello no es tan frágil como parece. No le va a pasar nada porque de vez en cuando se te escurra un poco su cabeza.

 ## ¿Qué podría pasarle?

Si la cabeza del bebé se moviera de forma muy violenta, los vasos sanguíneos que están protegidos por el cráneo podrían romperse. Eso provocaría una hemorragia interna que podría acabar con alguna lesión cerebral irreversible, que dejaría al niño con alguna minusvalía, o provocarle la muerte. Por eso debes tener claro que hay algunas cosas que nunca tienes que hacer, ni dejar que otros hagan, con tu bebé:

✻ Sacudir a un bebé de forma brusca: ni siquiera para intentar que vuelva en sí tras un accidente o una caída.
✻ Hacerlo saltar por los aires, aunque parezca que le divierte.

 ## El pediatra me lo va a romper:

Durante las primeras semanas de vida del bebé su pediatra le hará varias revisiones para asegurarse de que todo marcha correctamente. Te hará algunas preguntas y comprobará su peso y su talla, sus reflejos, su vista y su oído, entre otras cosas. No te asustes si en

alguna de esas visitas el pediatra le hace hacer algunos movimientos raros o si le suelta voluntariamente; lo hace precisamente para comprobar que el bebé va adquiriendo la fuerza necesaria en el cuello y la espalda. Además, sabe perfectamente cómo hacerlo para no causarle ningún daño.

¿Qué son las fontanelas?

Son las separaciones o zonas blandas que se encuentran entre los huesos del cráneo de un bebé. Durante el parto permiten, gracias a su flexibilidad, que los huesos se superpongan para que la cabeza pueda pasar por el canal del parto sin que se presione ni se dañe el cerebro.

Por regla general se pueden observar dos fontanelas: una en la parte posterior de la cabeza, que puede estar cerrada en el momento del nacimiento o cerrarse entre el primer y el segundo mes de vida del bebé; y otra, la más claramente visible, en la parte superior de la cabeza, en el centro, que suele cerrarse entre los 9 y los 18 meses de edad. Las fontanelas permiten que el cerebro del pequeño se desarrolle y crezca correctamente.

¿POR QUÉ LE LATE LA CABEZA A MI PEQUEÑO?

★ El pediatra de tu hijo le palpará y le observará las fontanelas craneales para comprobar que el niño se está desarrollando y creciendo con normalidad. No te asustes si las ves latir, es decir, moverse rítmicamente; es algo perfectamente normal. Puedes acariciarle la cabeza, peinarle o frotarle el pelo sin ningún miedo.

★ Las fontanelas deben ser firmes y estar ligeramente curvadas hacia dentro; si aparecen abultadas indican que se ha producido un aumento de presión dentro del cerebro; si están hundidas es indicio de deshidratación. En ambos casos debemos acudir al médico para que haga una valoración.

¿Puedo hacerle daño
si no lo cojo bien?
Susan Benjamin

¿Cuándo sostendrá la cabeza mi bebé?

Por regla general, los niños consiguen sostener la cabeza recta, es decir, alineada con la columna vertebral y sin que se le caiga hacia los lados, alrededor de los tres meses de edad, aunque hay niños que lo consiguen antes y otros que tardan un poco más. Es uno de sus primeros grandes logros desde el punto de vista psicomotor, pero para que se sienta cómodo y seguro debemos seguir sosteniéndosela durante algún tiempo más. De este modo conseguirá olvidarse un poco de su cabeza y empezar a concentrar sus esfuerzos en otras cosas, por ejemplo, en empezar a utilizar las manos para conseguir cosas.

¡No sé por qué llora!

Los bebés lloran porque es una de las pocas formas que tienen de comunicarse con nosotros y de manifestar lo que sienten. Durante los tres primeros meses de vida, no saben calmarse solos, de modo que necesitan tu ayuda para consolarse y recuperar la calma. A esa edad el pequeño no necesita reglas ni límites. Lo único que necesita es mucho cariño y sentirse arropado por mamá y papá. Además, no va a dejar de llorar de puro agotamiento y lo único que conseguirás es empeorar la situación y que los dos acabéis con los nervios destrozados. Lo que tienes que hacer es intentar averiguar la causa de su llanto, ponerle remedio y conseguir que se calme.

Algunos trucos para consolar al bebé

Ante todo debes recordar que todos los bebés lloran y que no necesariamente lo están pasando tan mal como tú te imaginas. No le va a pasar nada por llorar un poco y tu papel consiste en tratar de tranquilizarle, no en alterarle más con tus dudas y tus inseguridades. A continuación tienes algunas de las técnicas más usadas por los papás y las mamás de todo el mundo:

✳ Envuélvelo en una mantita y mécelo: por regla general, a los bebés les gusta sentirse arropados y protegidos. Pero también hay excepciones: hay niños que se agobian si no pueden moverse libremente.

✳ Apóyalo sobre tu pecho, para que pueda escuchar los latidos de tu corazón, como cuando estaba dentro del útero.

✳ Cántale una nana o una canción dulce que te guste.

✳ Sácalo a dar un paseo en el cochecito o en el coche.

✳ Paséale por casa en brazos o metido en la mochila portabebés.

✳ Ofrécele el chupete. El movimiento de succión le ayuda a relajarse y apacigua su ritmo cardíaco.

✳ Dale un baño con agua templada.

✳ Dale un masaje relajante.

A TENER EN CUENTA:

★ Déjate llevar por el sentido común y la intuición y no hagas caso de los que te digan que vas a malcriar a tu bebé.

★ Es imposible malcriar a un recién nacido de modo que mímale tanto como quieras y disfruta de esos momentos de intimidad. Cuando sea más grande los echarás de menos.

Razones por las que lloran:

Cuando tu bebé empiece a llorar, atiéndele tan pronto como puedas e intenta averiguar si es por alguna de las razones siguientes:

✹ El bebé tiene hambre: es lo primero que debes descartar. Si ese es el motivo, en cuanto le cojas en brazos empezará a mover la cabeza buscando tus pechos.

✹ Lleva el pañal sucio: a algunos niños les molesta muchísimo, a otros solo les molesta a veces y a algunos nunca. Tendrás que descubrir a qué grupo pertenece tu hijo.

✹ Tiene frío o calor: a los recién nacidos les gusta estar calentitos y sentirse muy arropados. Por regla general deben llevar una prenda más que tú para no tener frío. Cuando entres en algún lugar que tenga la calefacción a tope, por ejemplo en alguna tienda o en el banco, acuérdate de desabrigarlo un poco. Los bebés son muy sensibles a los cambios de temperatura.

✹ Quiere brazos: los bebés necesitan mucho cariño. Les gusta sentir los latidos de papá y mamá, porque les cal-

man, escuchar su voz, ver su cara o detectar su olor (sobre todo el olor a leche de mamá). Si tu bebé es de los que reclaman atención, cómprate una mochila portabebés; podrás moverte y tener las manos libres llevándolo bien pegadito a tu cuerpo.

✹ Está cansado: cuando recibe muchos estímulos a la vez —luces, ruidos, voces, caras nuevas— al bebé le cuesta procesar la información y puede acabar sintiéndose abrumado. Llévalo a algún lugar tranquilo y consuélalo mientras se desahoga y se tranquiliza.

✹ Está enfermo: es un llanto especial, que indica que algo va mal; no tardarás en diferenciarlo del resto de llantos. Si ya has comprobado todo lo anterior y no consigues que se calme, comprueba que no tenga fiebre.

✹ Alguna incomodidad pasajera: a veces el llanto puede deberse a algo tan tonto como que le moleste la etiqueta de su pijamita nuevo o a que le escueza un poco un ojo. No pierdas los nervios e intenta averiguar si algo le incomoda.

✹ Los cólicos del lactante: más adelante dedicamos un capítulo a este tema.

> "A las seis semanas el bebé llora el 30% del tiempo que está despierto, es decir, cerca de 2,7 horas al día.
> A las doce semanas el llanto se reduce a 1 hora al día."
>
> MIEMBROS DE LA CRYING BABY CLINIC,
> DE LA UNIVERSIDAD FARLEIGH DICKINSON

Mi hija se ha despertado con la cara arañada

La mayoría de bebés nacen con las uñas cortas, es decir, que no sobresalen del borde del dedo. Pero también los hay que tienen las uñas lo suficientemente puntiagudas como para arañarse involuntariamente la cara, sobre todo cerca de los ojos y de la nariz.

 ## ¿Cuándo debo cortarle las uñas?

No es recomendable cortarle las uñas antes de las cuatro semanas de vida, ya que podríamos lastimarle los dedos. Para evitar que se arañe puedes ponerle unos guantes finitos. Si tu pequeño no aguanta los guantes o ha nacido en pleno verano, puedes hacerle la manicura, es decir, puedes limarle las uñas. Para realizar esta delicada operación debes tomar algunas precauciones:

> "Si accidentalmente hiere la piel de su bebé al cortarle las uñas, aplique un poco de presión con una gasita estéril hasta que el sangrado se detenga y luego ponga en la herida un poco de ungüento antibiótico."
>
> DOCTOR MEYER MAGARICI, PEDIATRA

- Espera a que se duerma.
- Límale las uñas una a una, y muy suavemente, con el dorso de la lima, o sea, con la parte blanca.
- Alisa las uñas ya limadas con la yema de los dedos.
- Lávale las manos o los pies con una gasita esterilizada y asegúrate de que no le ha quedado ninguna uña entre los dedos o pegada a la ropa.

Es posible que tengas que limarle las uñas en varias veces; si ese es el caso, no olvides cuáles son las que ya has limado y cuáles no. Alrededor del mes puedes empezar a cortarle las uñas con unas tijeritas de punta redonda especiales para bebés. Las encontrarás en las farmacias, las parafarmacias, las tiendas especializadas y las grandes superficies comerciales. Estas tijeritas están especialmente diseñadas para no poder lastimar los dedos del bebé, aunque este se mueva en el momento más inoportuno.

 ## ¿Cómo hay que cortarlas?

Es muy importante cortar las uñas rectas, para que queden cuadradas. Debes evitar redondear los bordes de estas para evitar que crezcan hacia dentro y se le claven en la piel al niño, ya que eso podría causarle molestias y otros problemas, como el que se conoce como "uñas encarnadas". Si a tu bebé se le clavan las uñas en la carne y le hacen una herida, coloca un poco de algodón entre la uña y la piel, para que deje de clavársele y tenga tiempo de cicatrizar.

 ## A mi bebé no le gusta nada que le corte las uñas:

Durante los primeros meses puedes aprovechar para cortárselas mientras duerme, pero en cuanto sea un poco más mayorcito es mejor que se las cortes cuando está despierto, para que se acostumbre y lo vea como algo normal dentro de su higiene personal.

Mi hija ha despertado
con la cara arañada
Susan Benjamin

¿CADA CUÁNTO HAY QUE CORTARLE LAS UÑAS?

★ Dependerá de cada niño, ya que no a todo el mundo le crecen con la misma rapidez. Por regla general hay que cortar las uñas de las manos una vez a la semana o cada quince días, ya que les crecen muy rápido. En el caso de las uñas de los pies, basta con cortarlas una vez al mes, porque crecen más lentamente.

★ No le cortes las uñas de forma redondeada, si no recta. Sobre todo las uñas de los pies.

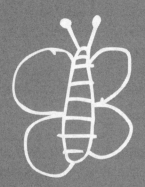

A muchos niños les da miedo que les corten las uñas. Piensan que les vamos a hacer daño con ese instrumento extraño que se abre y se cierra y no les gusta que les sujetemos con firmeza el pie o la mano para que no lo muevan mientras se las cortamos. Por eso se quejan.

Escoge un momento en que el niño esté tranquilo y predispuesto. Después del baño resulta ideal, porque el pequeño se siente relajado y las uñas están especialmente blandas. Explícale que no vas a hacerle daño, que piensas usar unas tijeras especiales para bebé y que hay que cortarlas para que no le molesten ni le incomoden.

Si aún así sigue quejándose, prueba a contarle un cuento que verse sobre el tema. Consulta en alguna librería o en la biblioteca más cercana si tienen algún cuento que trate sobre el tema. Si tienes inventiva, crea tu propio cuento adaptado a tu caso: háblale de un niño/a que no quería cortarse las uñas hasta que un día le crecieron tanto que le salieron disparadas a través de los zapatos mientras jugaba en el parque con sus amiguitos o algo parecido. Y ten paciencia.

¿Boca arriba, boca abajo o de lado?

Yo tengo tres hijos. Mis dos hijos mayores durmieron boca abajo y de lado, porque así se había hecho toda la vida, y no les pasó nada malo. Mi hijo pequeño, sin embargo, ha dormido siempre boca arriba, porque su pediatra me convenció de que era mejor para él. Y es que la medicina avanza continuamente y hoy se sabe que el riesgo de muerte súbita disminuye de forma considerable si se acuesta al niño en esa posición.

Es posible que tu madre, tu suegra, la vecina de abajo o la carnicera de la esquina te digan que eso es una tontería, que no son más que modas, que toda la vida se ha acostado a los niños boca abajo y no ha pasado nada. Es verdad que

> "Algunos científicos creen que es posible que en el caso de la muerte súbita el problema esté en el bulbo raquídeo, que controla la respiración y el ritmo cardíaco, o en las áreas del cerebro que manejan los patrones del sueño o los patrones de aprendizaje, sumado a un factor externo que aumenta la vulnerabilidad subyacente del niño y actúa como desencadenante."
>
> PATRICIA SALINAS, PEDIATRA DE LA CLÍNICA ALEMANA

¿Boca arriba, boca
abajo o de lado?
Susan Benjamin

si el niño está sano y no es propenso a sufrir una muerte súbita, lo pongas como lo pongas saldrá adelante. Pero ante la duda, y a la vista de los nuevos descubrimientos, es mejor no correr riesgos inútiles y acostar al pequeño boca arriba, como aconsejan los pediatras y los especialistas.

¡A mi pequeño se le ha aplanado el cráneo!

Desde que los niños se acuestan boca arriba para evitar el riesgo de muerte súbita ha aumentado el número de casos en los que el cráneo del pequeño se aplana. Durante los primeros meses de vida, el cráneo es muy moldeable y el hecho de que esté siempre en la misma posición basta para que se aplane por la parte posterior.

Es algo que no influye negativamente ni en el crecimiento ni en el funcionamiento del cerebro, pero no queda demasiado bien desde el punto de vista estético.

Para evitarlo podemos probar alguna de las ideas siguientes:

✳ Oblígale a mover la cabeza en distintas direcciones con algún estímulo visual o sonoro: un móvil, un muñeco interactivo, una luz, música, etc.

✳ Colócalo de lado o boca abajo a ratos, cuando esté despierto: por ejemplo mientras le cambias de ropa, cuando lo secas después del baño o mientras juegas con él sobre tu cama.

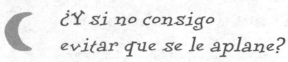

¿Y si no consigo evitar que se le aplane?

En la mayoría de los casos esta deformación pasajera se resuelve por sí sola entre los 6 y los 12 meses, es decir, cuando el niño ya no está todo el tiempo tumbado en la misma posición porque es capaz de estar sentado o incluso de pie, y se muestra mucho más activo. Si cumplido el año el niño sigue teniendo el cráneo aplanado, puedes consultar a un especialista. Actualmente existen

unos cascos diseñados especialmente para solucionar este problema. Resultan un poco caros y antiestéticos, pero muy eficaces.

 ¿Y si resulta que el problema es otro?

No debemos confundir este trastorno con el que se conoce con el nombre de craneosinostosis. Es un trastorno bastante raro que ocurre cuando los huesos del cráneo se fusionan de forma prematura, es decir, antes de tiempo, y no dejan que el cerebro crezca y se desarrolle con normalidad. A veces, en estos casos, es necesaria la cirugía. Es por eso que ante la más mínima deformación del cráneo del bebé, lo que debes hacer es acudir a un especialista para que haga una valoración.

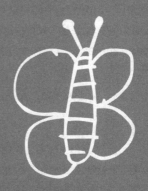

A TENER EN CUENTA:

★ La muerte súbita ha disminuido en un 40% desde que se acuesta a los niños boca arriba.

Chupete sí, chupete no

Todos los recién nacidos tienen el reflejo de succión. De hecho es muy normal ver al bebé chupándose el pulgar en las ecografías. Es un entrenamiento para más adelante, una vez fuera del útero, poder alimentarse. Pero la succión también les proporciona seguridad, satisfacción y placer, les calma y les reconforta. Muchos especialistas opinan que la succión del chupete o del pulgar es beneficiosa siempre que no cree una dependencia más allá de los dos años, y que constituye una actividad normal en el desarrollo del niño. La teoría, no obstante, tiene seguidores y detractores.

Lo que está claro es que el chupete tiene ventajas e inconvenientes. A la hora de decidir lo primero que debes tener en cuenta es el carácter de tu hijo: hay niños muy llorones que necesitan una ayudita para tranquilizarse, mientras que otros son más tranquilos y conformistas. Así pues, espera a conocerle un poco para decidir. Además, en muchos casos será el propio niño el que tome la decisión: hay niños que lo rechazan desde el primer momento y lo escupen sistemáticamente, mientras otros optan por chuparse el pulgar les guste o no a sus padres.

¿Es mejor que utilice el chupete o que se chupe el pulgar?

En este sentido existen teorías para todos los gustos. Pero hay un par o tres de cosas que parecen claras y que debes tener presente antes de tomar una decisión. Por un lado, resulta más fácil dejar el chupete que el pulgar, porque el chupete puede hacerse desaparecer pero el pulgar no. Por otro, las deformaciones del paladar y los dientes suelen ser mayores en los niños que se chupan el pulgar ya que con el dedo la fuerza que se ejerce es mayor que con un chupete. Por último, el chupete puede caerse de la boca del bebé y hasta que este no tiene unos cuantos meses no es capaz de volver a ponérselo el solo en la boca; y cuando ya es más mayorcito puede no encontrarlo con la luz apagada, sobre todo si ha quedado escondido entre las sábanas; no nos quedará más remedio que levantarnos de la cama para solucionar el problema y eso puede pasar varias veces en una misma noche. El pulgar, sin embargo, nunca se pierde y es fácil de llevar a la boca.

¿Cómo consigo que deje el chupete?

Alrededor de los dos años el niño debería dejar el chupete. Para que no lo viva como un trauma debes implicarle y conseguir que lo haga voluntariamente. No debe coincidir con otros acontecimientos importantes para él, como el inicio de la guardería o el nacimiento de un hermanito. Un sistema que suele funcionar bastante bien consiste en decirle que se lo deje a los Reyes Magos explicándole que estos suelen premiar ese tipo de conductas. Cuando llegue la gran noche no olvides dejarle un regalo diferenciado, para que le quede claro que ese es especial por haber dejado el chupete.

"A los 8 meses, cuando desaparece prácticamente el riesgo de muerte súbita, hay que empezar a destetar al pequeño y al año de vida, erradicar el chupete".

MARÍA JOSÉ LOZANO, PEDIATRA DEL HOSPITAL VALDECILLA Y PROFESORA TITULAR DE LA FACULTAD DE MEDICINA

VENTAJAS DEL CHUPETE:

★ Le ayuda a relajarse y a conciliar el sueño.

★ Puede usarse desde el primer día, aunque en caso de que se le alimente con leche materna es aconsejable esperar a que se coja bien al pecho.

★ Es fácil hacerlo desaparecer cuando llega el momento de quitárselo.

★ Las deformaciones del paladar no son tan grandes como si el niño se chupa el pulgar.

★ Favorece el desarrollo de los músculos masticadores y prepara las encías para la erupción dental.

Inconvenientes del chupete:

● Puede deformar el paladar, sobre todo si su uso se prolonga más allá de los dos años.

● Puede provocar defectos en la mordida y malas oclusiones dentales.

● Puede causar otitis media aguda: favorecer el paso de bacterias procedentes de la nariz y la garganta al oído medio a través de las llamadas trompas de Eustaquio.

● Puede favorecer la aparición de caries a causa de los restos de alimento que quedan incrustados en el chupete.

Algunos consejos prácticos:

En cualquier caso debes hacer un uso racional del chupete. Si optas por ofrecérselo a tu hijo, estos son algunos consejos prácticos a tener en cuenta:

● Si amamantas a tu bebé, espera a que tenga unos 15 días de vida para ofrecérselo: así el uso del chupete no interferirá en la lactancia.

● A partir de los 8-10 meses, empieza a restringir su uso: deja que lo use solo para dormir y en momentos concretos.

● No cuelgues el chupete ni del cuello, ni de la muñeca del bebé: podría ahogarse o hacerse daño. Tampoco es aconsejable colgarlo de la cuna. Utiliza un sujeta chupetes homologado.

● No mojes nunca el chupete en leche condensada, miel o azúcar: le crearías una adicción y le destrozarías los dientes.

A TENER EN CUENTA:

★ No recurras al chupete sistemáticamente; puedes hacer otras muchas cosas para calmar al bebé.

¿Tiene que beber agua?

*E*l agua desempeña un papel muy importante en el organismo humano, especialmente en el de los niños dado que su cuerpo está compuesto en un ochenta por ciento por este líquido. Sin embargo, eso no significa que tengas que darle agua a tu recién nacido. Si le das el pecho, tu leche satisfará todas sus necesidades en este sentido, ya que su principal componente es precisamente el agua. Si optas por alimentarle con leche artificial, basta con que uses el agua para disolver la leche en polvo. De todos modos, si hace mucho calor y no consigues calmar el llanto del bebé, puedes ofrecerle un biberón con agua, o con alguna hierba disuelta en agua. Si realmente tiene sed, beberá; si no, rechazará el biberón.

"La leche materna es un elemento vivo y cambiante que se adapta perfectamente a las necesidades del niño."

Doctora María José Lozano, coordinadora del Comité de Lactancia Materna de la AEP

¿Por qué es importante el agua?

El agua no se considera un alimento propiamente dicho porque no contiene calorías, pero desempeña un papel importantísimo:

- Es fundamental para la digestión, la absorción de los nutrientes y la eliminación de los productos de desecho.
- Es el medio a través del cual se desarrollan todas las reacciones químicas en nuestro organismo.
- Lubrifica algunos órganos, como los ojos, los pulmones, etc.
- Contribuye a mantener la temperatura corporal.
- Sirve de almohadilla protectora para el cerebro y la médula espinal.

Cantidad de agua que necesita un lactante:

EDAD	PESO MEDIO EN Kg	CANTIDAD NECESARIA EN 24H EXPRESADA EN ML
3 días	3	250-300
10 días	3,2	400-500
3 meses	5,4	750-850
6 meses	7,3	950-1100
9 meses	8,6	1100-1250
1 año	9,5	1250-1300

¿Agua del grifo o embotellada?

✳ En principio, los abastecimientos municipales de agua suelen ser seguros y garantizan la eliminación completa de las bacterias: puedes ofrecerle a tu hijo el agua del grifo sin necesidad de tomar precauciones especiales. Lo mismo ocurre en el caso de las fuentes públicas, siempre que tu pequeño toma el agua de inmediato.

✳ Si el agua proviene de un pozo propio o va a permanecer embotellada algún tiempo antes de que el bebé la beba: es preferible que hiervas el agua y la coloques en un recipiente esterilizado, al menos hasta que tu pequeño tenga 3-6 meses de edad.

✳ El agua embotellada es completamente segura y no requiere ningún tratamiento especial: es agua pura en su origen ya que brota de un manantial y se embotella y comercializa sin someterla a ningún tratamiento. Debes comprar las marcas de mineralización baja, para no sobrecargar los riñones del pequeño.

Algunos consejos en relación con el agua:

● Durante los tres primeros meses de vida del niño utiliza la misma clase de agua.

● No le añadas ni azúcar ni sacarina.

● Si tienes alguna duda acerca del agua que utilizas, hiérvela entre 10 y 15 minutos. Más vale prevenir que curar.

● En verano, cuando haga calor, aumenta las precauciones.

● Deja correr el agua del grifo durante algunos minutos: así eliminarás las posibles sustancias estancadas en los conductos, como por ejemplo el plomo.

● No uses nunca agua caliente procedente del calentador del baño ya que, al estar estancada en los conductos y erosionarlos, podría estar contaminada.

● Si crees que tu hijo no bebe el agua suficiente, haz un recuento del número de pañales que moja durante un día entero. Si son más de cinco o seis, no te preocupes.

● Si tu hijo se niega a beber cuando le ofreces agua, no le fuerces. Él sabe perfectamente lo que le apetece y lo que no.

● Si por el contrario quiere beber, déjale. Tu pequeño no corre ningún riesgo por beber mucho. Si bebe es que lo necesita.

A TENER EN CUENTA:

★ La mayoría de los alimentos contienen agua. El principal componente de la leche es el agua.

¿Puedo aliviar sus cólicos con un masaje?

¿Qué son los cólicos del lactante?

Los cólicos del lactante son un cuadro de causa desconocida que se caracteriza por un llanto intenso e inconsolable. Los padecen muchos bebés durante los primeros meses de vida, tanto si se alimentan con leche materna como si lo hacen con leche de fórmula. Algunos médicos y especialistas creen que se deben a la inmadurez del intestino, que provoca espasmos en la musculatura intestinal, de ahí el nombre de "cólico". Sin embargo, no existe ninguna certeza de que esa sea la causa. El problema podría no originarse en el tubo

> "El llanto del cólico del lactante es angustioso. Los niños se ponen colorados y se encogen. Suele aparecer a últimas horas de la tarde y puede durar hasta tres horas seguidas. El niño está sano, come bien y no tiene fiebre. A los padres lo único que les decimos es que no desesperen."
>
> DOCTORA AMAYA BELANGER QUINTANA, PEDIATRA DEL HOSPITAL RAMÓN Y CAJAL DE MADRID, ESPAÑA.

digestivo y los teóricos síntomas –dolor abdominal, gases, etc— podrían deberse al aire que traga el bebé al llorar a causa de alguna molestia de origen desconocido.

Por otro lado, lo que conocemos como cólicos del lactante es muy posible que sea una especie de cajón de sastre en el que acaban otros trastornos con síntomas parecidos, como por ejemplo la alergia a la leche de vaca o los ardores de estómago provocados por el reflujo intestinal.

 ## ¿Qué puedo hacer para intentar que se calme?

Oír llorar a un recién nacido de forma intensa y no conseguir que se calme puede resultar desesperante. Y si eso se repite todos los días lo normal es acabar desquiciado. Así que mi primer consejo es que busques ayuda: habla con tu marido, tu madre, tu padre, tu suegra, tu hermana, tu cuñado, tu vecina... en fin, con cualquiera que pueda echarte una mano y encargarse del bebé durante su hora crítica, al menos de vez en cuando. Si solo te toca uno de cada cuatro días y sabes que al día siguiente te librarás del calvario, seguro que lo llevas mucho mejor y eres capaz de controlarte. Y tu bebé lo agradecerá.

A continuación encontrarás algunas ideas para intentar calmarlo. De entrada te parecerán muchas, pero es posible que acabes probándolas todas:

* Lo primero que debes hacer es tranquilizarte. Recuerda que tu bebé está sano, que no le pasa nada grave y que lo más probable es que estas crisis se le pasen como por arte de magia alrededor del tercer o cuarto mes. Si te pones nerviosa, él se alterará todavía más y la situación empeorará.

* Un poco antes de la hora a la que suele darle la crisis, sácalo a pasear en el cochecito para que se duerma; a lo mejor no consigues que caiga en los brazos de Morfeo, pero al menos estará más relajado.

* Coloca al bebé en la mochila portabebés y paséale por casa.

* Mécele en tus brazos o en una sillita mecedora especial para bebés.

* Háblale con dulzura; explícale que ya sabes que le duele pero que se le pa-

sará, como todos los días. Quizás te parezca absurdo y es cierto que el bebé no puede entender tus palabras, pero su mente es muy lógica y capta los tonos como nadie.

✳ Cántale alguna nana o prueba a ponerle algo de música. A algunas madres les ha funcionado encender algún aparato ruidoso, como el aspirador.

✳ Si le gusta el chupete, ofréceselo.

✳ Colócalo en posición vertical para que elimine los posibles gases.

✳ Coloca una toalla caliente sobre su abdomen.

✳ Colócalo boca abajo sobre tu antebrazo, de modo que su vientre se apoye sobre este, y paséale.

✳ Ofrécele una infusión de hierbas especial para bebés.

✳ Dale un baño de agua tibia.

✳ Dale un masaje en el abdomen.

¿Puedo darle un masaje para que se calme?

Por regla general, a los bebés les encantan los masajes. Les ayudan a tomar conciencia de su cuerpo y constituyen un momento de gran intimidad con el padre o la madre. Pero como lo está pasando mal, deberás mostrarte especialmente cariñosa y paciente. Intenta transmitirle tranquilidad y reconfortarle con movimientos firmes pero tiernos.

✳ Escoge un rincón tranquilo y que esté bien caldeado. Siéntate en el suelo, con la espalda apoyada en la pared o en un sofá, o encima de tu cama. Coloca al niño entre tus piernas, sobre un cojín o una colchoneta. Pon un empapador debajo del bebé, para evitar humedades innecesarias. Quítale la ropa con cuidado y también el pañal. Explícale con voz dulce que vas a darle un masaje para intentar aliviarle.

✳ Si tienes las manos frías, caliéntatelas frotándolas entre sí. Si quieres puedes usar un poco de aceite de almendras, para que las manos resbalen mejor sobre la piel del bebé.

✳ Coloca las dos manos sobre el lado izquierdo de su vientre, de forma que las palmas descansen sobre su piel. Luego, con firmeza y lentamente, describe un arco sobre su barriga con la mano derecha, resiguiendo el intestino grueso del bebé. Haz lo mismo con la otra mano. Repite el movimiento completo unas cuantas veces.

✳ Cógele de los tobillos y flexiona sus piernas sobre el abdomen, para ayudarle a expulsar los gases. No hagas rebotes. Cuenta hasta diez y luego estíralas de nuevo. Repite el movimiento varias veces.

✳ Pasa tus manos de arriba abajo por el vientre del pequeño, primero una y luego la otra, de forma constante.

✳ Cógele por los tobillos, elévalo ligeramente y realiza un suave movimiento de balanceo, hacia un lado y hacia el otro.

✳ Si el bebé se muestra receptivo y parece disfrutar con el masaje, o al menos calmarse un poco, puedes masajearle el resto del cuerpo. Háblale con dulzura mientras lo haces.

Algunas precauciones a tener en cuenta:

SÍNTOMAS DE LOS CÓLICOS DEL LACTANTE:

★ Llanto intenso e incontrolable que aparece de forma repentina.
★ Distensión abdominal.
★ Flexión de las piernas sobre el abdomen, como si le doliera el vientre.
★ Puños cerrados.
★ Enrojecimiento cutáneo.
★ Los síntomas aparecen todos los días sobre la misma hora, en muchos casos a última hora de la tarde.

¿Puedo aliviar sus cólicos
con un masaje?
Susan Benjamin

A TENER EN CUENTA:

★ No eres una mala madre ni estás haciendo nada mal; simplemente has tenido la mala suerte de que tu bebé esté entre el 25% de niños que padecen los cólicos del lactante.

● Comprueba que tienes las uñas cortas y bien limadas, para no hacerle ningún arañazo.

● Sácate el reloj, los anillos y las pulseras; cualquier cosa que pueda molestarle.

● Caliéntate bien las manos antes de empezar: los bebés son muy sensibles al frío y a los cambios bruscos de temperatura.

● Si notas que el bebé rechaza el contacto físico, no insistas. Hay bebés a los que no les gusta nada que les toqueteen.

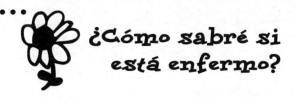

¿Cómo sabré si está enfermo?

Por regla general, y salvo que haya algún problema específico, los bebés no suelen ponerse enfermos durante los tres primeros meses de vida. Pero alrededor de los tres meses los niños empiezan a enfermar. Eso se debe a que los anticuerpos transmitidos por la madre durante el embarazo a través de la placenta empiezan a desaparecer.

Si amamantas a tu bebé, sigues transmitiéndole anticuerpos, pero su intestino se encarga de destruir un gran número de ellos. Así pues, a partir de esa edad deberá empezar a fabricar sus propios anticuerpos y a desarrollar su propio sistema inmunológico.

¿Podrá defenderse de los virus esa cosa tan pequeñita?

Durante el primer año de vida el sistema inmunitario del bebé está en proceso de maduración. Los niños fortalecen su sistema inmunológico estando en contacto con los microbios menos peligrosos. Es así cómo su organismo descubre cómo son los microbios y puede desarrollar la protección adecuada, es decir, los anticuerpos necesarios. La madre, por su parte, puede ayudarle amamantándole. La leche materna refuerza las defensas naturales del niño gracias a algunos de sus componentes, como el bífidus o las grasas omega 3 y omega 6, y a algunos inmunonutrientes, como el zinc, el selenio y los nucleótidos.

Botiquín básico:

Hay algunas cosas que siempre debes tener en casa. Así te evitarás tener que salir corriendo en busca de una farmacia de guardia. Y recuerda que los medicamentos deben estar siempre fuera del alcance de los niños y guardados en el sitio correspondiente. No tires las cajas ni los prospectos, y anota en ellos la dosis que le corresponde a tu pequeño (la que te diga el pediatra). En tu botiquín debes tener siempre:

- Un jarabe o supositorios para la fiebre.
- Suero fisiológico, preferiblemente en monodosis: para limpiar la nariz y los ojos de tu bebé.
- Suero oral: para evitar que el niño se deshidrate en caso de vómitos o diarrea.
- Una crema acuosa: para la irritación de las nalgas.
- Un desinfectante local: para curar heridas.
- Una crema para los chichones.
- Gasas esterilizadas y tiritas.
- Una crema para las quemaduras.
- Un jarabe para la tos.
- Un termómetro.

"Durante el primer año de vida los trastornos más comunes son las infecciones de vías respiratorias causadas por diferentes virus, el reflujo gastroesofágico, el estreñimiento, el vómito y la diarrea. Para prevenir estas enfermedades hay que evitar los cambios bruscos de temperatura y alimentar adecuadamente los pequeños."

DENSE CRESPO, PEDIATRA Y NEONATÓLOGA

 ## ¿Cuándo debo llevarlo al médico?

Déjate llevar por el sentido común y la intuición. Y si dudas, consulta la lista siguiente de síntomas. Si lo que le pasa a tu pequeño coincide con algunos de los casos listados debes llamar a tu médico o llevar al niño a un servicio de urgencias:

● Llanto inconsolable o irritabilidad que no se calma con las técnicas habituales.
● Fiebre superior a 38°.
● Temperatura corporal muy baja: inferior a 34°.
● Diarrea reiterada: los bebés se deshidratan muy rápidamente.
● Deposiciones malolientes o de aspecto anómalo.
● Estreñimiento: si se prolonga más de cinco días.
● Cólicos: si la crisis dura más de una hora.
● Vómitos reiterados, sobre todo si van acompañados de un cuadro de diarrea: el pequeño puede deshidratarse muy fácilmente. Para que sea un vómito, y no una simple regurgitación, debe expulsar la leche a chorros y en grandes cantidades; suelen ir acompañados de arcadas.
● Si ves o sospechas que ha ingerido algún producto tóxico.
● Si ves o sospechas que ha ingerido o se ha metido por algún orificio algún cuerpo extraño.
● Tos espasmódica persistente, sobre todo si va acompañada de fiebre o si le impide respirar con normalidad.
● Uno o ambos ojos están irritados, lagrimean profusamente o presentan secreciones que forman costras.
● Secreción nasal intensa.
● Dificultad para respirar y labios azulados.
● Respiración rápida, ruidosa o sibilante.
● Respiración lenta e irregular.
● Palidez o coloración azulada de la piel y las mucosas.

A TENER EN CUENTA:

⭐ Ante la duda, llévale al pediatra o a un servicio de urgencias. Mejor que te traten de mamá inexperta o pesada que tener que arrepentirte de no haberle llevado a tiempo.

● Falta de apetito durante más de dos días.

● Manchas desconocidas en la piel.

● Erupciones cutáneas.

● Traumatismo de cualquier tipo: caídas, golpes, quemaduras, cortes...

● Letargo: el niño está adormecido, no responde a los estímulos habituales (tu voz, tus caricias, etc).

● Alteraciones en la deambulación: regresión clara en su gateo o forma de caminar.

● Convulsiones: Contracciones repentinas, violentas e incontrolables de un grupo de músculos que provocan movimientos violentos en los brazos, piernas o cuerpo del bebé.

● Movimientos oculares extraños o descontrolados.

Mi hijo parece un surtidor

Cuando un lactante devuelve la leche que ha tomado, los padres suelen inquietarse mucho, sobre todo si el hecho se repite con cierta frecuencia. Lo primero que debes aprender, sin embargo, es que no es lo mismo un vómito, que puede ser síntoma de alguna dolencia, que una simple regurgitación, un trastorno pasajero que puede resultar un poco desagradable pero que no debe preocuparte.

> "Si el niño suele regurgitar, se recomienda hacer una pausa en la toma del biberón para ayudar a expulsar los gases al bebé, ponerlo ligeramente incorporado después de las tomas y no moverlo en exceso tras las comidas."
>
> DOCTORA ESTHER MARTÍNEZ GARCÍA, ESPECIALISTA EN PEDIATRÍA, MÉDICO CONSULTOR DE ADVANCED MEDICAL.

 ## ¿Qué es una regurgitación?

La regurgitación consiste en la expulsión no violenta de una pequeña cantidad de leche. Suele producirse cuando el niño eructa o babea y es típica de los lactantes. A veces desprende un olor desagradable; se debe a que la leche ha sido parcialmente digerida por los jugos gástricos. Si tu hijo aumenta de peso y no

presenta otros síntomas, tales como malestar general o inapetencia, debes considerar la regurgitación como un trastorno normal sin mayor importancia. Piensa que tu pequeño ni siquiera se da cuenta de que regurgita. Suele desaparecer alrededor de los seis meses, cuando el niño empieza a ingerir alimentos sólidos.

¿A qué se debe?

✹ El bebé ha comido demasiado.
✹ El bebé ha tragado mucho aire mientras se alimentaba.

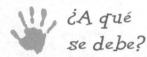 ¿Y si regurgita muchísimo?

Si la regurgitación es muy abundante y recurrente puede tratarse de un trastorno conocido con el nombre de reflujo gastroesofágico. Se debe a que la válvula que comunica el esófago con el estómago no funciona correctamente; está inmadura y ello hace que no se cierre de forma adecuada. El resultado es que la comida llega al estómago pero luego vuelve de nuevo al esófago y de allí es expulsada al exterior por medio de la regurgitación.

Síntomas del reflujo gastroesofágico:

● Tiene regurgitaciones abundantes y recurrentes.
● Padece crisis de llanto.
● Tiene sensación de ahogo.
● Está irritable.
● Arquea la espalda.
● Padece dolor abdominal.
● Tiene acidez.

- Muestra intolerancia o rechazo a los alimentos.
- Come solo cuando está dormido o quedándose dormido, y poca cantidad.
- Aumenta poco de peso o incluso pierde peso.
- Tiene infecciones frecuentes de las vías respiratorias altas.
- Siente la necesidad de aclararse la garganta.
- Tiene la nariz tapada.
- Su voz suena ronca.
- Se le desgasta el esmalte de los dientes.
- Tiene mal aliento.
- Babea.
- Duerme mal y se despierta a menudo.
- Duerme mejor en posición vertical o sentada que tumbado boca arriba.

ALGUNAS IDEAS PARA PREVENIR LAS REGURGITACIONES:

★ Cuando el niño termine de comer, intenta no moverlo demasiado.
★ No le acuestes inmediatamente después de tomarse el biberón o de terminar la toma.
★ Sustituye la leche de fórmula habitual por otra más espesa o especialmente preparada para niños que sufren este trastorno.
★ Acuesta al niño con la cabeza girada hacia un lado o de lado, para evitar que se trague su propio vómito.
★ Si las regurgitaciones son muy abundantes y recurrentes debes informar a tu pediatra. Él te indicará cómo debes actuar.

Esterilizar o no esterilizar, esa es la cuestión

Esterilizar no es más que mantener la higiene correcta de los utensilios que utiliza tu bebé, tales como los biberones y los chupetes. Hasta los 6 meses el niño no dispone de las defensas necesarias para combatir algunos gérmenes que para los adultos resultan inofensivos, de modo que si no esterilizaras podrías provocarle algunas infecciones.

¿Cuándo hay que esterilizar?

El primer mes de vida del bebé: hay que esterilizar los chupetes y todas las piezas de los biberones (botella, rosca, tetina y tapa protectora) después de cada uso. Del primer al cuarto mes de vida: hay que esterilizar los chupetes y las distintas piezas del biberón una vez al día. Alrededor del quinto mes: el niño se lo lleva todo a la boca, de modo que ya no tiene sentido esterilizarlo todo sistemáticamente; bastará con esterilizar los biberones y los chupetes una vez cada 15 días, por pura precaución.

"No debes agitar el biberón para disolver la leche en polvo porque provocarás espuma, la espuma es aire que se tragará el bebé."

LUIS GONZÁLEZ TRAPOTE, ESPECIALISTA EN PEDIATRÍA

¿Cómo debo limpiar los biberones?

Después de cada toma es muy, muy importante, desechar la leche que sobre y lavar bien el biberón y la tetina con agua y jabón. Jamás hay que guardar los restos de una toma para la siguiente. Para que la tetina quede bien limpia hay que darle la vuelta; de lo contrario podrían quedar restos de leche en algún recoveco. Los cepillos limpiabiberones resultan muy útiles para limpiar los biberones. Es mejor usar los modelos que son de esponja que los que tienen cerdas, porque estos últimos pueden raspar el biberón y causar grietas en las que se acumularía la suciedad. Una vez limpios puedes meterlos en el lavavajillas o esterilizarlos con alguno de los métodos que se explican a continuación.

Sistemas de esterilización

☀ **Esterilización en frío:** Los esterilizadores en frío son unos recipientes que se llenan de agua y funcionan con unos comprimidos especiales. Estos comprimidos se añaden al agua y se disuelven. Una vez disueltos, colocamos dentro del recipiente las tetinas, los biberones, las roscas, las tapas protectoras y los chupetes. Todos los objetos deben quedar completamente sumergidos en el agua. Es importante colocar las tetinas boca abajo, para que no quede agua retenida en su interior. Luego se tapa el recipiente y se deja actuar durante unos 30 minutos.

☀ **Esterilización en caliente:** Los esterilizadores en caliente son eléctricos y permiten esterilizar muchos biberones a la vez (el número exacto depende de cada modelo). Se meten todas las piezas del biberón, desmontadas, y los chupetes en el esterilizador, se añade un poco de agua, se tapa y se enchufa a la corriente eléctrica; en unos 10 minutos están listos para ser utilizados.

Esterilizar o no esterilizar,
esa es la cuestión
Susan Benjamin

A TENER EN CUENTA:

★ Los comprimidos que se usan para esterilizar en frío se venden en las farmacias, las parafarmacias, las tiendas especializadas y las grandes superficies, en la sección de puericultura.

★ Si la solución deja un sabor desagradable en la tetina y el chupete, puedes aclararlos bajo el chorro de agua fría y luego dejarlos escurrir.

★ No dejes nunca estos comprimidos al alcance de los niños, ya que sin diluir resultan altamente tóxicos.

❈ **Esterilización por vapor:** Los esterilizadores por vapor están especialmente diseñados para ser usados en el microondas. Se coloca la rejilla en el fondo del recipiente, se añaden 150 mm de agua, se colocan las distintas partes del biberón y los chupetes sobre la rejilla, se tapa el recipiente y se mete en el microondas unos 8 minutos.

 ### Otras recomendaciones:

● Lávate las manos antes y después de manipular los alimentos y los utensilios del bebé.

● Si no puedes lavar el biberón inmediatamente después de su uso, al menos enjuágalo para que no se sequen los restos de leche y se queden pegados. Así evitarás que proliferen las bacterias. No olvides lavar el cuello de la botella y la rosca.

● Para escurrirlos, usa un trapo o un escurridor distinto del que usas para escurrir el resto de utensilios de la familia (vasos, cubiertos, platos, etc).

● Guarda los biberones limpios en un recipiente con tapa; así evitarás que se llenen de polvo o grasa.

¡Vamos a la calle!

Podemos sacar a pasear al niño siempre que nos apetezca y desde los primeros días. No hace falta que guardemos la cuarentena, como hacían nuestra madres y abuelas. De hecho es muy probable que resulte relajante y agradable para todos y además es altamente beneficioso para el niño.

 ## Precauciones que debemos tomar:

✳ Si el bebé ha perdido mucho peso durante los primeros días o pesa menos de tres kilos, y hace mucho frío o mucho calor, debes esperar un poco para sacarlo a pasear. Debe guardar las calorías para crecer y ganar peso y no malgastarlas para protegerse del frío o defenderse del calor. Cuando supere los tres kilos o haya recuperado su peso inicial habrá llegado el momento de empezar a mostrarle el mundo.

✳ Si es invierno y hace mucho frío, abrígale bien con guantes, gorro, unos calcetines gruesos y un saquito o mantita. Y aprovecha las últimas horas de la mañana o las primeras de la tarde.

✳ Si es verano y hace mucho calor, evita las horas centrales del día y protégele con un toldo o parasol, para que los rayos del sol no le den directamente en la cara o la cabeza. Cuando sea un poco más mayor puedes ponerle una gorra y gafas de sol.

 ## ¿Por qué es aconsejable sacarlo de paseo?

El sol es necesario para sintetizar la vitamina D, un nutriente esencial para el crecimiento y el desarrollo. El sol debe bañar la piel del bebé al menos durante unos minutos todos los días. Eso no significa que tengas que achicharrarlo, basta con que el sol le toque en las piernas, los brazos o la carita durante unos minutos, es decir, con sacarlo a la calle a diario.

La vitamina D se encarga de regular el paso del calcio a los huesos y contribuye a la formación y mineralización ósea, que es esencial para el desarro-

llo del esqueleto. Por eso es tan importante para el bebé. La falta de esta vitamina puede ocasionar enfermedades como el raquitismo y anomalías en los huesos.

Otros beneficios del sol:

✹ Ayuda a establecer su reloj biológico, es decir, a distinguir el día de la noche, y por tanto favorece la adquisición de unos buenos hábitos de sueño.
✹ Favorece la desaparición del color amarillento que presentan muchos bebés en la piel durante las primeras semanas de vida.
✹ Relaja y favorece un buen estado de ánimo.

Cosas que debemos llevarnos cuando salgamos a pasear:

Consigue una bolsa grande que tenga muchos bolsillos y departamentos, y que pueda colgarse cómodamente en el manillar del cochecito del bebé. Las hay que llevan un cambiador de plástico, muy fácil de lavar, que te resultará muy útil en más de una ocasión. Antes de salir a pasear, mete en la bolsa lo siguiente:

● Un biberón con agua: por si hace mucho calor.
● Dos o tres pañales limpios y un paquete de toallitas desechables.
● Ropa de recambio.
● Si usa chupete, uno de recambio metido en su cajita correspondiente (para que no se ensucie).
● Una mantita o chaquetita: por si refresca.
● Si toma leche de fórmula, un biberón con la cantidad de agua necesaria para preparar una toma; y una dosis de leche en polvo metida en un recipiente dosificador (los venden en las farmacias y en las tiendas especializadas).
● Si le das el pecho, algunos empapadores para pezones. Y un chal para taparte un poco, por si te toca darle el pecho en un lugar poco discreto.

● Una toallita: para ponértela sobre el hombro y evitar que te manche la ropa cuando le hagas eructar.

● Un paquete de pañuelos de papel: para usos varios.

● Si la bolsa no lleva cambiador, un cambiador de viaje o una toalla: para el cambio de pañal.

● Algunas botellitas de suero fisiológico y gasas esterilizadas.

> "Comienza con un paseo
> de media hora, el día siguiente de
> salir del hospital, y luego ves
> alargando el tiempo."
>
> GEMA MARTÍN, ESPECIALISTA EN CUIDADOS INFANTILES

 ## El cochecito del bebé:

En el mercado existe una gran variedad de cochecitos para bebés, tantos que a veces cuesta decidirse sin volverse loco. Antes de escogerlo debes tener claras dos cosas: tu presupuesto —el precio puede variar enormemente de un modelo a otro— y el uso que vas a darle —si lo vas a usar diariamente, si vas a llevarlo a la montaña, si tendrás que doblarlo y meterlo en el maletero del coche, etc. Básicamente pueden dividirse en:

A TENER EN CUENTA:

★ Compra el cochecito antes de que llegue el bebé y pruébalo tranquilamente en casa. Aprende a doblarlo y a incorporarle todos los complementos y accesorios que lleve. Te ahorrarás más de un sofocón.

★ Algunos complementos indispensables pueden ser: un toldo o sombrilla en verano, un plástico para la lluvia y el viento, sobre todo en invierno, o un saquito de carro, para que vaya bien abrigado.

✳ Modelos tres en uno: incluyen un capazo, una silla de paseo plegable y un portabebés, que puede usarse como sillita de coche durante los tres o cuatro primeros meses.

✳ Modelos dos en uno: incluyen o un capazo y una silla de paseo plegable; o un portabebés, que sirve como silla de coche durante los tres o cuatro primeros meses, y una silla plegable.

✳ Sillas de paseo: se pueden usar a partir de los cuatro o cinco meses, cuando el niño ya puede ir semisentado. Suelen ser plegables y tienen un respaldo con varias posiciones, para que el pequeño pueda ir desde completamente sentado a casi tumbado.

Comprueba que el modelo elegido cabe en el ascensor de tu casa y en el maletero de tu coche y de la mayoría de coches. Así te evitarás sorpresas desagradables y gastos inútiles.

Mi recién nacido tiene la piel amarilla

 ¿Qué es la ictericia?

Si al llegar a casa o antes de abandonar el hospital notas que tu bebé tiene la piel y los ojos de color amarillento, es posible que tenga ictericia fisiológica, una condición que sufren muchos recién nacidos durante las primeras semanas de ida. No les causa malestar, suele aparecer entre el segundo y el cuarto día de vida, y en muchos casos desaparece sin tratamiento al cabo de una o dos semanas.

Se debe a que el hígado del pequeño aún está algo inmaduro y no es capaz de eliminar la bilirrubina que absorbe la piel o produce el cuerpo.

 Bebés que tiene más probabilidades de padecerla:

✳ Los niños que tienen un hermano/a que tuvo ictericia al nacer y que necesitó un tratamiento de fototerapia.

✳ Los niños que tenían hematomas (morados) al nacer: los glóbulos rojos que forman parte de los hematomas se descomponen y producen bilirrubina como derivado.

✳ Los bebés prematuros, o sea, que nacen antes de la semana 37: su hígado todavía no está maduro y por tanto es muy probable que no sea capaz de controlar los niveles de bilirrubina.

✳ Los niños que han sido exclusivamente alimentados con leche materna, sobre todo si tienen sobrepeso. En estos casos se habla de ictericia de la leche materna: algunas mamás tienen en su leche una sustancia que no permite que el bebé elimine la bilirrubina.

✳ Los niños de origen asiático.

✳ Los niños que tienen alguna incompatibilidad en el grupo sanguíneo u otra enfermedad conocida de los glóbulos rojos.

✳ Los que tiene un alto nivel de bilirrubina para su edad.

**Mi recién nacido tiene
la piel amarilla**
Susan Benjamin

> *"El síndrome transitorio de la hiperbilirrubemia neonatal afecta al 60 o 70% de los recién nacidos a término y prácticamente al 100% de los recién nacidos pretérmino."*
>
> JORGE C. MARTÍNEZ, UNIDAD DE NEONATOLOGÍA DEL HOSPITAL MATERNO INFANTIL RAMÓN SARDÁ, BUENOS AIRES

 ## Posibles tratamientos:

❋ Mantener al bebé bien hidratado ya sea con leche materna o de fórmula. Puedes alimentarlo hasta 8-10 veces al día. De ese modo conseguirás que sus deposiciones sean frecuentes y que le sea más fácil eliminar la bilirrubina, puesto que esta se elimina con las heces (de hecho es la que les confiere su característica tonalidad marrón).

❋ Si se detecta en la maternidad, el médico suele prescribir un tratamiento de fototerapia. Se mete al bebé en una incubadora especial, desnudo pero con el pañal puesto y los ojos tapados, para evitar lesiones. La incubadora está equipada con unas luces azules que hacen que la bilirrubina se transforme en una sustancia que el niño puede eliminar fácilmente a través de la orina. En algunos casos el médico decide que el pequeño se quede algunos días más en la maternidad, para poder completar el tratamiento, de modo que la vuelta a casa puede retrasarse un poco.

✳ También puedes envolverlo en una manta de fibra óptica. Se alquilan en la farmacia con receta médica. Si prefieres tratarlo en casa, coméntaselo a tu médico.

✳ Los baños de sol resultan también muy beneficiosos: ponle crema protectora, ya que su piel es todavía muy sensible, o deja que los tome a través de un cristal, para que los rayos ultravioletas no puedan alcanzar su piel.

 ## ¿Cuándo debo preocuparme?

Por regla general, la ictericia es una condición benigna que se soluciona sin grandes problemas. Pero en un 10% de los casos eso no es así y pueden surgir complicaciones. Contacta con tu pediatra o acude a un centro de urgencias:

● Si transcurridas dos semanas, y a pesar de someterlo a tratamiento, sigue estando amarillento.
● Si tiene fiebre.
● Si deja de alimentarse bien, es decir, rechaza el alimento.
● Si su orina se vuelve incolora.
● Si sus heces se vuelven incoloras.

A TENER EN CUENTA:

★ No te dejes impresionar por la palabra *ictericia*; suena un poco mal, pero no suele ser indicio de nada grave.

Los angiomas y otros fenómenos inquietantes

Muchos padres esperan que sus vástagos nazcan sin ningún defecto, que sean perfectos, principalmente porque eso quiere decir que el niño está sano y bien. Pero no siempre es así.

¿Qué son los angiomas?

Son unas manchas planas y lisas, de color rosa o rojo pálido, que aparecen sobre todo en la nuca, los párpados y la frente. No son tumores, si no capilares sanguíneos dilatados y congestionados. Son lo que conocemos como manchas de nacimiento. Estos angiomas crecen y cambian mucho durante los primeros meses de vida y alrededor de los seis meses son claramente visibles. El 99% de los angiomas planos localizados en la cara desaparecen por sí solos durante el primer año de vida. Los de la nuca persisten de por vida en el 5% de los casos, aunque suelen pasar desapercibidos porque los tapa el pelo.

Características principales:

- No representan ningún problema de salud, solo estético.
- No son dolorosos a menos que se ulceren, es decir, que se abran con una herida a causa de un golpe o rozadura.
- Puede medir desde 1mm hasta 20 cm o más.
- Hacia los 8 meses suelen dejar de crecer e inician una fase de involución, o sea, empiezan a disminuir de tamaño hasta desaparecer por completo.

¿Le quedará marca?

El angioma puede tardar varios años en desaparecer del todo. Cuanto más grande sea, más tardará en desaparecer y más posible es que deje algún rastro en la piel. La marca que puedan dejar depende pues del tamaño del angioma, de

su localización y también del tipo de angioma que sea. Los superficiales, es decir, los que están en las capas más superficiales de la piel, no suelen dejar ninguna cicatriz. Los más profundos, es decir, aquellos que se caracterizan por un abultamiento pero que muestran una piel normal en la superficie, tampoco suelen dejar marca. Algunos angiomas mixtos dejan una piel sobrante que más adelante puede corregirse con cirugía plástica. Finalmente, los angiomas que se han ulcerado suelen dejar una cicatriz en la zona.

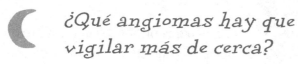

¿Qué angiomas hay que vigilar más de cerca?

✳ Los que aparecen alrededor del ojo: pueden entorpecer la visión e impedir que se desarrolle la vista con normalidad. Hay que vigilarlos de cerca para evitar la pérdida irreversible de la visión.

✳ Los que aparecen en los labios, alrededor de la boca o en la zona del pañal: son zonas en las que pueden abrirse y ulcerarse con cierta facilidad.

✳ Los angiomas grandes en la cara: porque resultan muy antiestéticos y porque a veces van asociados a otras alteraciones.

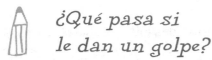

¿Qué pasa si le dan un golpe?

La piel de los angiomas es bastante resistente, de modo que no se abre ni sangra fácilmente. Si el niño recibe un golpe fuerte en la zona es posible que este sangre, de hecho sangrará más que la piel normal, pero transcurridos unos minutos la herida dejará de sangrar. Así pues, el niño puede llevar una vida completamente normal y jugar con otros niños sin miedo. También puede tomar el sol sin ningún problema.

Los angiomas que se abren o se ulceran precisan de cuidados especiales, suelen tardar en cerrarse, causan molestias y hacen que el niño esté irritable, falto de apetito y con alteraciones del sueño.

A TENER EN CUENTA:

★ Los angiomas pueden resultar muy antiestéticos, pero no te asustes ni le des más vueltas. No es más que una mancha que probablemente desaparecerá por sí sola.

★ Los angiomas son más frecuentes en los niños de raza blanca.

★ En las niñas que en los niños: hasta tres veces más frecuentes.

★ Entre los bebés que nacen con poco peso y entre los que.nacen de forma prematura.

★ Cuando la madre ha tenido placenta previa durante el embarazo.

★ Cuando la madre ha sufrido hipertensión (eclampsia) durante el embarazo.

Posibles tratamientos:

La mayoría de angiomas no requieren ningún tratamiento. En los casos que deban ser tratados, el tratamiento dependerá básicamente de la localización del angioma y de la edad del niño.

Corticoides orales: es el tratamiento más indicado cuando el angioma crece muy rápidamente o cuando por su localización puede comprometer alguna función vital. En el 70% de los casos se consigue que deje de crecer. El tratamiento suele durar entre 4 y 6 meses.

Vincristina o Interferon: se usan cuando el anterior tratamiento no da resultados.

Corticoides Intralesionales: en angiomas que no son muy grandes se inyecta cortisona directamente dentro de éste.

Cirugía plástica: deja una cicatriz, de modo que solo se usa cuando la cicatriz puede disimularse o cuando no queda más remedio. También se usa para eliminar la piel sobrante que queda a veces tras la involución del angioma.

> "Los angiomas infantiles son tumores porque crecen y sus células se replican a gran velocidad, pero son benignos y tienden a desaparecer de forma espontánea."
>
> IGNACIO SÁNCHEZ-CARPINTERO ABAD, DERMATÓLOGO DE LA CLÍNICA RUBER Y LA CLÍNICA DERMATOLÓGICA INTERNACIONAL

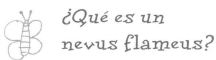 ## ¿Qué es un nevus flameus?

Es un tipo especial de angioma de color rojo oscuro o púrpura que suelen aparecer en la cara, el cuello o las extremidades. Afectan a 3 de cada 1.000 recién nacidos. Se diferencian del resto de los angiomas en que van cambiando de coloración con la edad, tornándose azulados.

No consigo que mi hijo eructe

Un eructo es la expulsión por la boca de los gases que se acumulan en el estómago. Cuando el niño traga aire el estómago se distiende. Eso a su vez activa el reflejo de apertura del esfínter esofágico inferior, el que comunica el esófago con el estómago, para que el aire pueda salir. El aire que traga el niño suele salir de forma espontánea, pero algunos niños necesitan una pequeña ayuda para expulsarlo, al menos algunas veces. Los bebés tragan aire básicamente cuando lloran y cuando comen.

Para nuestras madres y abuelas el eructo de después de las tomas era algo sagrado. No se podía acostar al bebé si no había echado todos los gases. En la actualidad, no obstante, se sabe que no todos los niños tragan aire mientras comen y que aquellos que suelen tragarlo no tienen porqué tragarlo siempre.

¿Qué niños suelen tragar más aire?

● Los niños que toman biberón: en el biberón hay leche y aire; si el biberón no tiene la inclinación correcta cuando la leche se acaba, la tetina se llena de aire y el bebé acaba tragándoselo.

● Los niños que toman el pecho pero no tienen una buena técnica de succión: si la técnica es buena la boca del bebé queda sellada con el pecho y es imposible que trague aire.

● Los niños muy tragones que comen con avidez: son los que suelen tragar más aire.

¿Cómo sabré si tiene que expulsar algún gas?

Ante todo, utiliza el sentido común. Si tras la toma el niño se queda tranquilo y satisfecho, o plácidamente dormido, lo más probable es que no tenga nada que expulsar. Si lo pones en posición vertical se despertará o alterará, empezará a llorar y entonces sí que tragará aire, un montón.

Si por el contrario, el niño se queda inquieto y empieza a hacer aspavientos o te parece que está incómodo, seguramente es que necesita expulsar algún gas y no lo consigue el solito. Ayúdale y así podrá rendirse por fin al ansiado descanso.

Si transcurridos 10 o 15 minutos el niño sigue sin eructar y está tranquilo, acuéstalo y no te preocupes; o no necesitaba eructar, o ha eructado y no te has dado cuenta o eructará más tarde, mientras duerme o cuando se despierte y lo cojas en brazos. Si sigue intranquilo, intenta calmarle usando las técnicas que utilizas cuando llora o tiene alguna molestia.

> "Los eructos son las emisiones de aire retenido en la parte alta del aparato digestivo cuya causa habitual está en la ingestión de mucho aire con el alimento."
>
> LUIS GONZÁLEZ TRAPOTE, PEDIATRA

 ¿Cómo puedo ayudarle a eructar?

Existen distintas posturas que favorecen la expulsión de los gases. Pruébalas todas para ver cuál es la que te resulta más cómoda y la que mejor le funciona con tu bebé:

No consigo que
mi hijo eructe
Susan Benjamin

A TENER EN CUENTA:

★ Si el bebé necesita eructar, no te preocupes, lo notarás.
★ Si tu hijo suele tragar mucho aire y luego lo pasa mal, intenta darle una infusión a base de hierbas. Las hay especialmente pensadas para los bebés.

✹ Coloca al bebé en posición vertical, con la barriga apoyada contra tu pecho y la cabecita descansando sobre tu hombro.

✹ Pon al bebé tumbado boca abajo, con el vientre sobre tus rodillas y la cabeza apoyada sobre tu muslo. Su cabeza debe quedar más elevada que sus nalgas.

✹ Sienta al bebé sobre tus rodillas, coloca tu mano derecha sobre su pecho e inclina su cuerpo ligeramente hacia delante.

✹ Alrededor de los tres o cuatro meses puedes sentarle sobre tus rodillas, mirando hacia delante, es decir, dándote la espalda, cogerle por las axilas y tira de él un poquito hacia arriba.

 ### Otras sugerencias:

● Golpéale la espalda dándole palmaditas firmes pero suaves: los golpes no deben ser nunca bruscos.
● Pásale la mano por la espalda haciéndole un suave masaje de abajo hacia arriba: a lo mejor no consigues que eructe pero seguro que se relajará un poco.

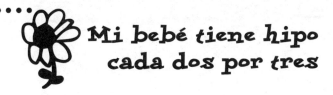

Mi bebé tiene hipo cada dos por tres

¿Qué es el hipo?

El hipo suele deberse a la inmadurez del sistema nervioso, inmadurez que provoca espasmos repentinos e irregulares del diafragma. Cualquier cosa que irrite el diafragma hace que los músculos de la respiración, es decir los que separan el tórax del abdomen, se contraigan de forma repetida dando lugar a lo que conocemos como hipo.

El hipo es un síntoma muy frecuente en los bebés y por regla general incomoda más a los padres que a los propios afectados. A pesar de que puede resultar muy espectacular porque al niño se le mueve todo el cuerpecito y parece que se va a romper, no provoca ningún dolor ni ninguna molestia en el bebé. De hecho es completamente inofensivo y no requiere tratamiento. A partir de los seis meses disminuye su frecuencia porque su sistema nervioso ya está más maduro

Para disminuir el hipo prueba a darle un poco de manzanilla o coloca una compresa caliente sobre el abdomen del bebé."

RAMIRO GERARDO VILLARREAL, PEDIATRA

Mi bebé tiene hipo
cada dos por tres
Susan Benjamin

Causas más frecuentes:

✸ Mala técnica de succión: si la técnica de succión no es correcta el aire entra por la boca del bebé mientras este come y puede provocarle hipo. Eso puede deberse a:

✸ Te colocas al bebé en una mala postura mientras mama y el aire le entra por un lado de la boca.

✸ La tetina del biberón no le cubre toda la boca y permite la entrada de aire.

✸ El orificio de la tetina es demasiado grande o demasiado pequeño.

✸ El niño ingiere una cantidad excesiva de alimento: tiene el vientre demasiado lleno.

✸ Cambio brusco de temperatura: cámbiale en un lugar caldeado y sin corrientes de aire.

¿Qué puedo hacer para prevenirlo?

Si tu bebé tiene hipo con frecuencia, te aconsejo que hagas lo siguiente:

✸ Comprueba que el orificio de la tetina es el adecuado: pon el biberón boca abajo y observa cómo cae la leche; si es correcta el goteo debe cesar de forma gradual. Si cae un chorro es que es demasiado grande; si no cae nada, es que es demasiado pequeño.

✸ Corrige la postura al amamantarle: el bebé debe estar completamente de lado, de forma que su barriga toque tu barriga. La barbilla del bebé debe tocar el pecho con el que se está alimentando. Su boca debe abarcar como mínimo 3,5 cm de la aureola y sus labios deben quedar hacia fuera; el labio inferior debe abarcar más aureola que el labio superior.

✸ Es posible que le estés sobrealimentando: ofrécele menos cantidad pero con más frecuencia.

¿Qué puedo hacer para que se le pase?

El hipo suele desaparecer por sí solo y de forma repentina a los 5-10 minutos, cuando el aire avanza hacia el intestino. De todos modos, si el hipo de tu hijo te incomoda y quieres acelerar el proceso, prueba alguna de las siguientes sugerencias:

● Dale un poco de leche: con el pecho o con el biberón. En la mayoría de los casos se les pasa, pero es posible que al cabo de un rato vuelva a aparecer.
● Flexiónale las rodillas sobre el pecho, para que este se comprima.
● Ofrécele un poco de agua fría.

¿Y si no se le pasa?

Lo normal es que desaparezca transcurridos unos minutos. Si no fuera así, no desesperes. Recuerda que es muy aparatoso pero que al bebé no le molesta especialmente. Intenta distraerle: juega con él, acúnale, cántale una nana... a lo mejor no consigues quitarle el hipo, pero pasaréis un buen rato juntos. Y a lo mejor hasta se os olvida, a los dos.

A TENER EN CUENTA:

★ Piensa que muchos niños tienen hipo dentro del vientre materno y allí no puedes hacer nada para quitárselo y el niño lo supera sin problemas.

★ También puedes cambiarle de postura, para ver si así cesa el hipo.

★ Si te pone muy nerviosa, acuéstale en el moisés o en el cuco y dedícate a otra cosa durante un rato.

★ Si el hipo se prolonga mucho rato, media hora o más, contacta con tu pediatra y coméntaselo.

A mi bebita le encanta chapotear

La mayoría de niños suelen disfrutar mucho con el baño. De hecho la hora del baño debe ser un momento de placer para tu pequeño, un rato agradable del que salga limpio, fresco y relajado. Sin embargo hay niños que al principio muestran reticencias o incluso rechazo al baño. Si es el caso de tu hijo, no le fuerces. Límpiale sin sumergirlo del todo durante algún tiempo y cuando tenga edad suficiente intenta que asocie el baño con algo divertido y agradable. Para ello déjale que chapotee con las manitas en un recipiente lleno de agua templada y de juguetitos que luego puedes trasladar a la bañera.

¿Cuál es el mejor momento para bañar al bebé?

Sin duda el mejor momento es aquel en el que los padres tienen tiempo para bañarlo con tranquilidad, relajados y sin prisas, disfrutando del momento. La mayoría suele hacerlo a última hora de la tarde, justo antes de la toma nocturna, para que el niño se relaje y para propiciar su descanso nocturno. Es preferible hacerlo siempre a la misma hora porque a los bebés les encanta la rutina. Eso sí, sin obsesionarse. Podemos modificar el horario y ajustarlo a nuestras necesidades sin que eso suponga ningún problema. Los niños tienen una capacidad de adaptación sorprendente.

Su primer baño:

● Asegúrate de que la habitación está a la temperatura adecuada, es decir, a unos 22-25°C.
● Llena la bañera.
● Mientras se llena, prepara todo lo que vas a necesitar, para tenerlo todo a mano: la toalla, el peine, la crema, etc.
● Comprueba que el agua está a la temperatura correcta, a unos 34-37°C, y añádele un poco de jabón líquido para bebés.

- Desviste al bebé y métwelo en el agua con mucho cuidado. Explícale que vas a darle su primer baño.
- Con la mano que te queda libre, lávale el cuerpo y el pelo, intentando que no le caiga en la cara.
- Déjale un máximo de cinco minutos. Si le dejas más podría enfriarse.
- Sácalo con cuidado, sujetándolo bien para que no se te escurra.
- Envuélvelo en una toalla y sécalo bien, insistiendo en las zonas con pliegues.
- Ponle crema hidratante por todo el cuerpo haciéndolo un suave masaje.
- Ponle el pañal y vístelo con ropa limpia.

 ## ¿Cómo debo sujetarlo en el agua?

Tu bebé necesita sentirse seguro. Por eso es importante mantenerlo firmemente sujeto. Pasa un brazo por debajo de su espalda de modo que la mano sujete su nalga opuesta y su cabeza descanse en tu antebrazo. No lo sueltes en ningún momento. Utiliza la mano que te queda libre para lavarlo y chapotear con él.

Jamás, jamás debes dejar a tu hijo solo en el baño. Un bebé puede ahogarse con muy poco agua y en muy poco tiempo. No debe dejarlo solo ni siquiera cuando sea más mayorcito y lo tengas sentado en uno de esos asientos especiales que se adhieren al fondo de la bañera.

Los accesorios de baño, tales como los ositos-hamaca para recién nacidos o los asientos de baño pensados para niños de seis meses o más no han sido concebidos para que el niño pueda quedarse solo en el baño, si no para facilitar el trabajo de papá y mamá, ya que les permiten tener las manos libres y una mayor movilidad.

Si suena el teléfono mientras le estamos bañando, haremos caso omiso del mismo. Si se trata de algo importante, volverán a llamar pasados unos minutos o nos dejarán un mensaje que podremos escuchar o leer después. Si realmente no te queda más remedio que hacer algo urgentemente –te acuerdas de repente de que te has dejado un grifo abierto en el otro baño o tienes algo en el

fuego que va a estropearse si no lo apagas— coge al niño, envuélvelo bien en una toalla grande para que no se enfríe y ocúpate de la urgencia. Así lo peor que puede pasar es que el niño se resfríe un poco.

> "La temperatura debe ser agradable dentro y fuera, entre 34 y 37°C para el agua, y de 22 a 25°C para el cuarto".
>
> MAGDA CAMPOS, ESPECIALISTA EN CUIDADOS INFANTILES

 ¿Debo suprimir el baño si está resfriado?

Antiguamente, cuando un niño estaba acatarrado o sufría alguna infección, se aconsejaba no bañarle. Pero hay que situar esta recomendación en el contexto adecuado. Hablamos de una época en la que la gente se bañaba una o dos veces a la semana como mucho y en la que no había tantas comodidades como hoy en día: en las casas no había calefacción, ni dobles cristales, ni una buena caldera de gran capacidad y potencia. Pero actualmente las cosas son distintas, así que aunque esté un poco resfriado puedes bañarle tranquilamente:

● Cuando le vacunen: le ayudará a relajarse después del disgusto.
● Aunque esté resfriado: simplemente no le dejes mucho rato y sécale bien para que no coja frío.

● Aunque tenga una otitis: si tiene perforación del tímpano debes evitar que le entre agua en los oídos, así que no le laves la cabeza.

● Aunque tenga mucha tos: la atmósfera saturada de humedad puede calmar dicha tos.

● Aunque tenga algo de fiebre: puede hacer que le baje.

 ### Algunas ideas útiles:

✳ En invierno, deja la toalla sobre un radiador, para que cuando envuelvas en ella al bebé esté calentita.

✳ Echa siempre el agua fría primero y la caliente luego; así evitarás que la bañera se recaliente y el niño se queme.

✳ Deja a mano todo lo que puedas necesitar: la toalla, el móvil si esperas alguna llamada, el termómetro del baño, el jabón líquido, etc.

✳ Puedes comprar un osito-hamaca que se acopla a cualquier bañera y que está diseñado anatómicamente para sujetar al bebé en posición semitumbada —son muy prácticos— o cuando sea un poco más mayorcito un asiento de baño —los hay con juguetitos y todo, para que se distraiga.

 ### ¿Y si no me da tiempo a bañarlo?

El baño suele ser muy relajante para el niño y le ayuda a tranquilizarse al final de la jornada. Pero eso no quiere decir que no te lo puedas saltar de vez en cuando. Si un día estás cansada, se te ha hecho tarde o simplemente no te apetece, ¡no pasa nada! Así que si un día te quedas sin agua caliente porque se te ha estropeado la caldera o por culpa de una avería general, ni se te ocurra ponerte a calentar agua en unas cacerolas. Tu pequeño puede esperar hasta el día siguiente.

Es más. Para el bebé resulta igual de placentero y de higiénico que le masajees todo el cuerpo aplicándole alguna crema hidratante limpiadora tipo mustela.

A TENER EN CUENTA:

★ Si los primeros días te da miedo sumergirlo en la bañera, llena una palangana con agua templada y lávale el cuerpo con una esponja natural. También puedes meterte con el en la bañera; la única condición es que haya alguien más, para que lo coja y lo seque mientras tu sales del agua.

De hecho, si tu bebé tiene la piel muy sensible y se le reseca con facilidad, el pediatra te aconsejará que le bañes todos los días y que alternes dichos baños con la limpieza a base de cremas limpiadoras.

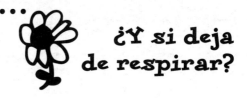

¿Y si deja de respirar?

¿Qué es la muerte súbita?

El síndrome de la muerte súbita del lactante se define clínicamente como la muerte repentina e inesperada de un bebé aparentemente sano. En los países desarrollados es la principal causa de mortalidad entre los niños de entre uno y doce meses de edad. Según las estadísticas, en Europa mueren al año unos 5.000 lactantes a causa de la muerte súbita, y en España unos 100 bebés al año, o lo que es lo mismo, uno de cada mil.

¿Cuáles son sus causas?

Ese es el principal problema en relación con el síndrome de la muerte súbita. A pesar de que en los últimos años se han realizado numerosos estudios e investigaciones al respecto, no se sabe cuáles son las causas que provocan este síndrome. De hecho, es una enfermedad de la que se sabe realmente muy poco. En lo que sí se ha avanzado es en el campo de la prevención, por eso puedo ofrecer algunas informaciones y recomendaciones básicas tanto a aquellos que van a ser padres en breve como a aquellos que ya lo son.

¿Qué lactantes son más propensos a sufrirla?

● Los lactantes que tengan un hermano mayor o un gemelo que haya muerto a causa de este síndrome.
● Los bebés prematuros y que nazcan con poco peso, especialmente si sufren apneas o displasia bronco pulmonar.
● Los hijos de madres adolescentes.
● Cuando el tiempo entre gestaciones es breve.
● Los hijos de madres con un alto número de partos.
● Los hijos de madres que consumen drogas o alcohol.

83

● Los lactantes que sufren una apnea por causas desconocidas.
● Los lactantes que experimentan algún episodio aparentemente letal: sensación de falta de respiración, cambios de coloración, piel azulada o muy pálida, pérdida de tono muscular o fuerza, etc.

> "El síndrome de la muerte súbita del lactante es siempre inesperado e inexplicable, por lo que produce un enorme dolor en los padres y familiares. En la actualidad podemos reducir los riesgos de sufrirla, pero seguimos desconociendo los mecanismos que la desencadenan."
>
> ISABEN IZQUIERDO MACIAN, MÉDICO ADJUNTO DE PEDIATRÍA Y MIEMBRO DEL GEPMSI DE LA AEP

 Recomendaciones para prevenir la muerte súbita:

Como ya he mencionado, hay algunas cosas que los padres podemos hacer para intentar prevenir este síndrome:

✻ Acuesta a tu hijo boca arriba: desde que se acuesta a los niños en esta posición el riesgo de muerte súbita ha diminuido en un 40%.

✻ No le pongas almohada en la cuna: no la necesita y podría ahogarse con ella.

✻ Es mejor usar una mantita que un edredón o un nórdico muy grueso.

✻ No fumes ni dejes que nadie fume en casa. Si la madre fuma durante el embarazo y durante el primer año del bebé, el riesgo es cuatro veces mayor; si fuman tanto el padre como la madre, el riesgo es todavía 2,5 veces mayor.

✻ Vigila que mientras duerme no le quede la cabeza tapada con las sábanas o la manta.

✻ Durante los tres primeros meses ponlo en un moisés en lugar de en una cuna estándar: si llega con los pies al final del moisés es menos probable que se escurra bajo las sábanas. Además, se sentirá menos desprotegido.

No se consideran factores de riesgo:

● La composición del colchón.
● El reflujo gastroesofágico.
● Las alteraciones neurológicas.

A TENER EN CUENTA:

★ Todos nos hemos asomado a la cuna de nuestro pequeño alguna vez para comprobar si respiraba, es algo perfectamente normal. Pero no te obsesiones pensando en este síndrome: limítate a seguir todas las recomendaciones.

¿Y si deja
de respirar?
Susan Benjamin

- La realización de analíticas.
- La hipoxia intrauterina: la falta de oxígeno antes de nacer.
- La alimentación o los antecedentes obstétricos de la madre.
- El crecimiento lento tras el nacimiento.
- Las enfermedades comunes: infecciones respiratorias, diarrea, vómitos, etc.
- Las vacunas incluidas en el calendario de vacunación.

Otros datos:

✳ El síndrome de la muerte súbita ocurre tanto entre los bebés que toman el pecho como entre aquellos que se alimentan con leche de fórmula.
✳ El 60 % de los afectados son niños y el 40% niñas.

Por regla general a los recién nacidos no les gusta nada que les vistan y les desvistan: cogen frío y se sienten incómodos y desprotegidos. Por eso, en cuestiones de ropa, la comodidad y el sentido práctico deben imponerse a la estética y a las tendencias de la moda.

¿Cuáles deben ser mis prendas favoritas?

En las tiendas hay cosas monísimas, sí, pero antes de dejarte llevar por los diseños y los tejidos originales, piensa en tu pequeño: solo es un recién nacido y no le preocupa nada su aspecto. Lo que quiere es sentirse cómodo y estar bien calentito en invierno y fresco en verano.

✳ Apuesta por el body:

↑ Son de algodón, el tejido más indicado para las prendas que están en contacto con su piel.

↑ Los hay apropiados para todas las épocas del año, es decir, de manga larga, de manga corta y de tirantes.

↑ Los hay monísimos: si hace más calor de lo que pensabas o de repente sube mucho la temperatura, puedes dejarle en body sin que pierda nada de su glamour.

↑ Con ellos el bebé siempre lleva abrigados los riñones y la barriga, de modo que no se enfría.

↑ Contribuye a que no se le mueva el pañal, de modo que siempre lo lleva bien colocado.

↑ Con el body puedes cambiarle el pañal muy fácilmente y sin quitarle toda la ropa.

↑ Por regla general no son nada caros.

✳ Y por los pijamitas de cuerpo entero:

↑ Fíjate en que lleve los botones o cierres en la parte de delante: en la espalda se le pueden clavar al cuerpecito y resultan más difíciles de abrochar.

↑ También deben llevar cierres en las perneras: de lo contrario se lo tendrás que quitar del todo o casi para cambiarle el pañal.

↑ Para invierno los hay de terciopelo y afelpados; para el verano, de algodón.

☀ **Cómprale también un buzo:**

↑ Son esos abrigos enteros que llevan guantes, babuchas y gorro incorporados. Te será muy útil para sacarlo a la calle si vives en un clima frío o si te gusta salir a la montaña.

 La canastilla:

No compres demasiado ropa para la primera puesta. Ya sé que te emocionas cuando entras en una tienda especializada en bebés y que todo te parece precioso. Pero piensa que los recién nacidos crecen muy rápido y que esa primera ropa en seguida se le quedará pequeña. Además, en cuanto nazca seguramente te regalarán más de un conjuntito para él. Compra solo lo básico; te quedan muchos años para ir de tiendas y para comprarle trapitos. Lo que sí puedes hacer es tener algunas cosas miradas, por si te quedas corta en algo y necesitas mandar a alguien a por ello porque tú estás muy liada. La canastilla debe incluir:

● 4-6 bodys apropiados para la época del año: de manga larga, de manga corta o de tirantes.
● 2-3 camisetas de batista: para los primeros días (opcional).
● 4-6 pijamitas de cuerpo entero, de algodón si hace buen tiempo y de algodón aterciopelado si hace frío. O 3-4 conjuntos de perlé o algodón y 2-3 pijamitas (a gusto del consumidor).
● Unas manoplas antiarañazos: por si nace con las uñas largas.
● Un gorrito de algodón: para el hospital y los primeros días.
● Una mantita de viaje.

● 2-3 toallas: pueden ser de las que llevan capucha en una esquina.

● 4-6 pares de calcetines: para que lleve los pies bien abrigaditos (se le caen menos que los patucos).

● Un arrullo.

● 3-4 juegos de sábanas para el moisés o la cuna.

● 4-5 baberos para recién nacidos

¿Cómo le visto?

Coloca el body completamente abierto sobre el cambiador o la cama y luego al bebé sobre el body. Comprueba que está desabrochado. Los bodies para recién nacidos no suelen meterse por la cabeza, si no que se abren del todo y se atan en la parte frontal. Métele el brazo derecho por la manga derecha, solo un poco. Mete tu mano por el extremo opuesto, busca su mano, cógela y desplaza la manga por encima, hasta que le quede el brazo cubierto y la manga estirada. Repite la operación con el otro brazo y la otra manga. Átale el lazo o los cierres frontales y los broches de la entrepierna si los tiene. Si el body es de los que se meten por la cabeza, levántale ligeramente la cabeza con una mano y

¿HAY ALGO QUE DEBA EVITAR?

★ Las prendas complicadas, que sean difíciles de poner o quitar, prendas con muchas puntillitas, bordados y adornos: las puntillitas y los bordados pueden ser molestos para él y los adornos pueden desprenderse y constituir un peligro.

★ Las prendas de lana: a muchos bebés la lana les irrita la piel y les pica. Y seguro que acaban tragándose algún pelito de la lana.

★ Los conjuntos de dos piezas: el pantaloncito se le baja continuamente y el jersey se le sube y le molesta.

★ Las prendas que quedan demasiado apretadas en el cuello.

★ Las que se abrochan por detrás: los primeros días girar al bebé puede ser toda una odisea.

★ Piensa en su comodidad; ya tendrá tiempo de estrenar conjuntitos y complementos preciosos cuando sea un poco mayor.

con la otra encaja el orificio por el que tiene que pasar. Luego vuelve a dejar la cabeza apoyada en el cambiador o la cama y, con cuidado, acaba de bajar el body hasta el cuello. Luego sigue con los brazos tal y como se indica más arriba. No olvides cerrar los cierres de la entrepierna.

Desliza el pijama debajo del bebé. Mete cada pierna en la pernera correspondiente. Encaja el pie en el extremo inferior de la pernera con una mano y con la otra sube la pernera hasta taparle toda la pierna. Luego cógele el brazo derecho con cuidado y métolo por la manga derecha. Mete tu mano por el extremo opuesto, coge su manita y desplaza la manga por encima de modo que quede estirada. Repite la operación con el otro brazo. Abrocha todos los cierres.

Si hace mucho frío, añádele unos calcetines o patucos y un gorrito.

> *"El algodón, el lino o la lana favorecen la transpiración, no acumulan energía electroestática y evitan alergias."*
>
> PEDRO BARREDA, PEDIATRA

¿Me reconoce mi hija?

Pasados los primeros días de vida tu hijo empieza a abrir los ojos y a fijar la mirada. Y entonces es muy probable que te preguntes si te reconoce, si distingue tu voz, si identifica tu olor, en definitiva, si capta todo lo que sientes por él. Pues bien, tu pequeño oye perfectamente desde el primer momento, de hecho comienza a oír antes de nacer. En cuanto a la vista, no es precisamente el sentido que tiene más desarrollado al nacer, pero eso no significa que no pueda ver. Es capaz de distinguir entre la luz y la oscuridad, puede enfocar la cara de su mamá mientras come e incluso puede fijarse en un objeto si contrasta con lo que tiene alrededor o si está en movimiento.

 ## ¿Cuáles son los pasos en el proceso de reconocimiento?

✸ Desde los primeros días reconoce la voz de su mamá, y también su olor.

✸ A las dos o tres semanas empieza a identificar la voz de papá y a comunicarse con él del mismo modo que lo hace con la madre.

✸ Alrededor de los dos meses se sobresalta al escuchar un ruido inesperado y empieza a vocalizar como respuesta a estímulos agradables.

✸ Alrededor de los tres meses comienza a reconocer objetos familiares y los sonidos empiezan a tener su propio significado: si le decimos algo gira la cabeza buscando de dónde procede el sonido.

✸ Entre los tres y los seis meses diferencia perfectamente el tono grave de papá, el tono agudo de mamá y las voces todavía más agudas de los demás niños. Sus reacciones son más precisas y demuestra placer o disgusto.

✸ Alrededor de los seis meses sabe perfectamente quién es mamá y comienza a tener claro quién es papá.

 ## Algunos de los logros con la vista:

● A las dos semanas de edad el niño puede distinguir los objetos grandes de los más pequeños.

● Alrededor de las diez semanas empieza a diferenciar colores de idéntica brillantez.

● A los dos meses es capaz de seguir con los ojos un objeto en movimiento.

● Entre los tres y los cuatro meses consigue discriminar los colores del mismo modo que lo hace un adulto.

● Entre los cuatro y los cinco meses es capaz de reconocer una cara independientemente de la expresión facial que esta muestre.

Algunas ideas para estimular su visión:

☀ Háblale mientras te mueves por la habitación: se acostumbrará a utilizar los ojos y descubrirá sus muchas posibilidades.

☀ Cuando lo tengas en brazos no lo cojas siempre del mismo modo: al pasarlo del brazo derecho al izquierdo modificas su campo de visión.

☀ Colócate delante de él con un juguete u objeto llamativo y muévelo de arriba abajo y de izquierda a derecha, para que lo siga con la mirada.

"Cada niño se desarrolla a su manera. No se preocupe si su niño es 'más rápido' o 'más lento' en su desarrollo".

SAMUEL RONDÓN, PEDIATRA

✳ Cuelga un carrillón o un móvil sobre su cuna.

✳ Ponle un juguete en la mano, quítaselo y luego dáselo de nuevo.

✳ Ocúltate desapareciendo de su campo de visión para reaparecer de repente haciendo algún sonido característico.

✳ Mientras lo bañas, y una vez que se sostenga bien sentado, juega con él a coger agua con una taza o vaso: le ayudará a percibir las distancias.

✳ Cuando le hables, colócate a unos 25-30 centímetros de distancia de sus ojos: si estás demasiado lejos o extremadamente cerca, tu hijo solo verá una imagen borrosa.

 ### Estimular su oído:

● Juega con tu hijo a dar palmadas.

● Haz sonar un silbato o golpea un vaso de cristal con una cucharita.

● Mientras está tranquilo en la cuna o cuando lo tengas en brazos, háblale y cántale.

● Muéstrale cómo suenan distintos instrumentos.

● Ponle música de fondo.

A TENER EN CUENTA:

★ A los 5-6 meses los bebés sonríen más a las personas que a las fotos y reconocen perfectamente a papá y mamá.

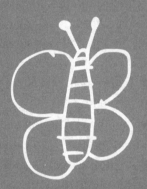

¿Qué vamos a hacer hoy?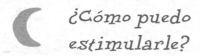

Cada niño avanza a su propio ritmo. Por eso el objetivo de la estimulación temprana no debe ser acelerar el desarrollo del pequeño, sino reconocer y promover su potencial. Son muchas las cosas que puedes hacer para estimularle y desarrollar sus capacidades, y para ayudarle a descubrir el mundo que le rodea y conseguir que vaya cogiendo confianza en sí mismo. Escoge un momento en el que tu pequeño esté relajado y receptivo y disfruta de un momento de intimidad que resultará de lo más reconfortante para ambos.

¿Cómo puedo estimularle?

Cuando le cambies el pañal, le vistas o le bañes puedes aprovechar para estimularle jugando un rato con él. Es importante que esté desnudo o solo con el pañal, para que pueda captar bien todos los estímulos. A continuación encontrarás algunas ideas avaladas por fisioterapeutas y especialistas:

✳ Estimula la movilidad de sus piernas: colócalo boca arriba y realiza con ellas movimientos circulares; luego muévelas hacia arriba y hacia abajo.

✳ Estimula la movilidad de sus brazos: en la misma postura realiza con ellos movimientos circulares y luego desplázalos sobre su cuerpo juntando sus manitas.

✳ Estimula la movilidad de su cabeza y su espalda: colócalo boca abajo y enséñale algún juguetito o realiza algún sonido que le obligue a levantarla; así irá fortaleciendo los músculos de la espalda y el cuello.

✳ Estimula su vista: enséñale algún juguetito que atraiga su atención. Sus preferidos en esta etapa son los objetos de color blanco y negro.

✳ Estimula su lateralidad: colócalo de lado, sobre un costado, y muévele las piernas y los brazos; haz lo mismo sobre el otro costado.

✳ Intenta que se siente: colócalo de nuevo boca arriba, cógele de las manitas y tira suavemente de él; deja que sea él el que realiza el esfuerzo y se sienta (al principio puedes ayudarle un poco colocando una mano en su espalda cuando ya esté a medio camino).

✳ Ayúdale a ser consciente de su cuerpo: tócale las distintas partes de su cuer-

po, masajeándolas y acariciándolas, mientras las dices en voz alta: este es tu brazo derecho, esta es tu pierna izquierda, etc.

✹ Estimula su tacto: usa distintas telas, por ejemplo un trozo de seda, un trozo de raso, un trozo de terciopelo, una pluma, etc; deslízalas por todo su cuerpo lentamente y pásaselas por las manos, para que pueda notar las diferentes texturas.

✹ Estimula su olfato: ponte tu perfume preferido; es aconsejable que durante el primer año de vida del bebé uses el mismo perfume que usaste durante el embarazo.

✹ Estimula la movilidad de los dedos de sus manos: tócaselos de uno en uno, acariciándolos y masajeándolos.

✹ Estimula la movilidad de sus manos: realiza un masaje circular en la parte superior de la mano y luego realiza un suave masaje en las palmas con tus pulgares, deslizándolos de abajo hacia arriba.

✹ Estimula la movilidad de su cabeza: coloca al niño boca abajo sobre tus piernas. Con cuidado y lentamente, muévele la cabeza hacia arriba, hacia abajo y hacia los lados. También puedes hacer que mueva la cabeza colocándole de-

"Los psicólogos infantiles afirman que las canciones de cuna son muy beneficiosas para el futuro desarrollo emocional del niño".

PEDRO BARREDA, PEDIATRA

A TENER EN CUENTA:

★ Las primeras experiencias que vive el niño permanecen para siempre.

lante algún objeto llamativo y moviéndolo lentamente de modo que pueda seguirlo con los ojos.

✹ Estimula la movilidad de su cuerpo: coloca al bebé boca abajo y pon tu mano plana contra la planta de sus pies, de modo que pueda hacer fuerza con las piernas empujando contra tu palma y desplazarse ligeramente hacia delante reptando.

✹ Estimula su oído: haciendo sonar distintos tipos de sonidos junto a él.

✹ Estimula su vista: ponle un calcetín blanco en un pie y otro negro en el otro. Elévale los pies para que los vea y deja que juguetee.

 ## ¿Dónde puedo aprender estas técnicas?

Cada vez existen más centros que se especializan o ofrecen cursos dirigidos a la estimulación temprana de los bebés. Aprovecha que estás de baja maternal y apúntate a uno de esos cursos. No solo aprenderás cosas interesantes si no que además conocerás a otros padres y madres con los que compartir inquietudes y emociones.

¿Cómo sabré si tiene frío o calor?

Los papás tendemos a abrigar a nuestros retoños en exceso, probablemente porque el instinto nos lleva a sobreprotegerlos. Para un bebé es malo pasar frío, pero lo es igualmente pasar calor. Si la temperatura de casa no es la correcta o si no va abrigado de forma adecuada, el pequeño se sentirá incómodo, puede perder su capacidad de adaptación a los cambios de temperatura y será más vulnerable ante los virus relacionados con las infecciones típicas de la época invernal, como son los catarros. Debes tener claro, además, que los bebés muy pequeños no son capaces de conservar la temperatura corporal y que por eso son muy sensibles a los cambios de temperatura y es muy importante que vayan correctamente abrigados.

¿A qué temperatura debe estar la casa?

Lo ideal es que la casa esté a 20-22 grados durante el día y a 18-20 grados durante la noche. No debemos poner la calefacción más alta de 22 grados porque entonces el ambiente se vuelve seco y las mucosas del bebé, su boca y su nariz, se resecan en exceso. Si el ambiente es muy seco tu pequeño será más vulnerable a las infecciones y su piel podría irritarse.

¿Cómo le abrigo?

✹ Debes guiarte por la regla siguiente: por regla general tu bebé debe llevar una prenda de abrigo más que tú.

✹ En lugar de ponerle 1 o 2 prendas muy gruesas es preferible ponerle varias prendas más finas, para poder quitarle una de las capas sin que por ello deje de ir abrigado si se produce un cambio de temperatura, por ejemplo al entrar en una tienda o en el coche.

✹ Las mantitas y los saquitos de bebés también son muy útiles: pueden retirarse o desabrocharse muy fácilmente y así desabrigar al pequeño cuando entramos en algún lugar o si sube la temperatura.

¿Cómo sabré si
tiene frío o calor?
Susan Benjamin

> "Llorar es normal y propio de la infancia. Es la única manera que tiene el chiquitín de comunicarse."
>
> AMAYA BALANGER QUINTANA,
> PEDIATRA DEL HOSPITAL RAMÓN Y CAJAL DE MADRID

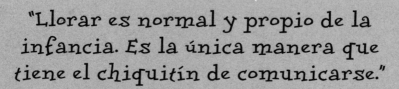

¿Cómo puedo saber si tiene frío?

Durante las primeras semanas de vida los bebés suelen tener las manos y los pies fríos la mayor parte del tiempo, de modo que no nos sirven para saber si el pequeño tiene frío. Lo mejor es tocarle un brazo, una pierna o el cuello; si los tiene fríos, abrígale más.

Si el bebé suda o tiene los mofletes muy rojos es que tiene calor; quítale alguna prenda. Si notas que está apático y abatido y que le suda la cabeza, llévale a una habitación fresca cuanto antes, abanícale y ofrécele mucho líquido.

¿Qué es la deshidratación?

Es la pérdida excesiva de líquidos por parte del cuerpo. Se produce con mayor facilidad y más rápidamente en los bebés y los niños pequeños. Por eso si no se actúa de inmediato puede llegar a ser muy grave.

Síntomas:

- Fontanelas hundidas.
- Llanto sin lágrimas.
- Orina poco abundante: lo normal es que moje el pañal cada 3-4 horas.
- Boca y lenguas secas.
- Ojos hundidos.
- Piel seca y menos elástica: si le pellizcas el dorso de la mano se forma un pliegue que tarda en desaparecer y recuperar la forma inicial.
- Piel fría y pálida.
- Irritabilidad.
- Fiebre.

Posibles causas:

- Vómitos reiterados.
- Diarrea.
- Exceso de calor combinado con una ingestión de líquidos insuficiente.
- Exposición directa al sol.
- Biberones con más leche en polvo de la indicada en relación con la cantidad de agua.

A TENER EN CUENTA:

★ No dejes nunca a un bebé encerrado en el coche, sobre todo si hace calor.

Este niño se queda con hambre

Esta es una de las grandes preocupaciones de la mayoría de las madres primerizas que dan el pecho a sus hijos. Para la mamá que amamanta, es difícil saber si su pequeño está saciado o se ha quedado con hambre porque, a diferencia de lo que ocurre con el biberón, no sabe qué cantidad de leche ha tomado exactamente ni si dicha cantidad es suficiente o no.

 ## Algunos mitos:

✳ Algunos padres creen que si el niño llora antes de las dos horas desde la última toma es porque tiene hambre: en realidad puede llorar a causa de un cólico o de cualquier otra molestia.

✳ Existe la creencia de que si el niño bosteza es que tiene hambre: el bostezo es un reflejo que permanece en el niño hasta los 10-12 meses y no tiene nada que ver con el hambre.

✳ Hay madres cuya leche no alimenta al bebé: solo un 5% de las mujeres tienen un problema real de salud que les impide alimentar a su bebé correctamente: reducción operativa del pecho, hipotiroidismo grave, HIV...

> "Si la comida le resulta escasa,
> el niño protestará mucho
> antes de la toma."
>
> PEDRO BARREDA, PEDIATRA

 ## La crisis de los tres meses:

Normalmente, alrededor de las 3 semanas, al mes y medio y a los 3 meses, los bebés suelen tener unos días "raros", en los que se comportan de un modo distinto: están algo más inquietos, lloran más, duermen peor, se agarran al pecho y de repente lo estiran y lo sueltan, etc. Se cree que estos cambios de conducta pueden tener relación con la maduración de su cerebro, pero la mayoría de los padres no saben muy bien cómo interpretarlos. Además, alrededor de los 3 meses se produce lo que se conoce como la "crisis de los tres meses", en la que:

❋ Muchos bebés reclaman mamar más a menudo: la mamá piensa que es porque se queda con hambre, pero lo que ocurre en realidad es que el niño está creciendo y por eso necesita comer más (por eso se llama también "crisis de crecimiento").

❋ La madre no nota el pecho tan lleno y decide que no tiene leche suficiente, pero lo que sucede en realidad es que no tiene los pechos tan llenos porque transcurridos los primeros tres meses la producción de leche ya se ha adaptado a las necesidades del

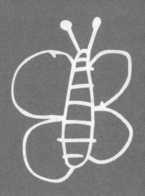

bebé y se ha estabilizado; por eso los pechos ya no gotean ni están llenos a reventar, ni se nota tanto la subida de la leche. Además, el lactante vacía el pecho de forma más eficaz y en menos tiempo.

Muchas veces, y por falta de información, al llegar a esta fase los padres empiezan a darle biberones al niño, para que no se quede con hambre. Que es justo lo contrario de lo que deben hacer. Lo correcto es intentar adaptarse al bebé. A lo mejor solo necesita que lo cojan más tiempo en brazos, pero si reclama más comida porque está creciendo y necesita comer más, la solución es ponerlo más a menudo al pecho para que aumente la producción de leche. Si en lugar del pecho le ofrecemos un biberón, la leche no solo no aumentará, si no que empezará a disminuir y solo conseguiremos empeorar las cosas.

¿Cómo puedo comprobar que no se queda con hambre?

● La báscula es una gran aliada: si el bebé aumenta de peso y de talla es que todo va bien.

● La orina debe ser incolora e inodora; si se produce alguna variación o alteración podría ser síntoma de deshidratación, es decir, de que la alimentación es insuficiente.

● Las primeras semanas debe realizar 3-4 deposiciones al día, normalmente después de las tomas. Si son muy pequeñas y espaciadas, consulta al pediatra.

● Es normal que un recién nacido coma unas 10 veces al día: para succionar el pecho deben realizar un gran esfuerzo por lo que se cansan en seguida.

● Si notas que tus pechos están descargados tras la toma es que los ha vaciado bien.

● A las 2-3 semanas de vida el bebé debe haber recuperado el peso que ha perdido los primeros días.

● Para comprobar si toma leche o solo usa el pecho a modo de "chupete", coloca la mano con cuidado sobre su garganta, para notar si traga.

EL NIÑO DE LOS 4 MESES AL AÑO

El culito de mi bebé es un poema

Mientras estaba dentro del vientre materno, la piel del bebé no sufría ninguna agresión. Pero al nacer, la piel de sus nalgas empieza a entrar en contacto con la orina y las heces y eso hace que a veces su culito esté rojo e irritado. Cuando la irritación es grande hablamos de dermatitis del pañal.

¿Qué es la dermatitis del pañal?

La dermatitis del pañal, que se conoce también como eritema del pañal, es una reacción inflamatoria aguda de la piel del bebé. Aparece en la zona del pañal, concretamente en la zona inferior del abdomen, los genitales, las nalgas y la parte superior de los muslos. Suele aparecer entre los 4 y los 15 meses de edad, especialmente cuando el bebé empieza a tomar alimentos sólidos. Hace que la piel se irrite, se enrojezca, se descame y escueza.

Principales causas de la dermatitis del pañal:

● Las sustancias irritantes de las heces: sobre todo cuando se introduce algún alimento nuevo en la dieta del bebé o cuando este tiene diarrea, ya que las heces se vuelven más ácidas.

> "Las sustancias contenidas en las heces se pueden transformar en amoniaco, que es un potente irritante de la piel."
>
> SALVADOR PERTUSA MARTÍNEZ,
> MÉDICO ESPECIALISTA EN MEDICINA FAMILIAR Y COMUNITARIA

- El rozamiento que resulta de llevar los pañales demasiado apretados.
- El amoníaco producido por la orina.
- La humedad y la falta de aire: la protección de plástico del pañal impide que circule el aire libremente creando un medio húmedo y cálido, un campo de cultivo ideal para que proliferen los hongos y aparezcan las erupciones.
- La alergia al jabón o a las toallitas desechables.
- Las bacterias.
- Los hongos.

 ## Algunas medidas preventivas:

Si a tu hijo se le suele irritar el culito con cierta facilidad, pon en práctica las siguientes recomendaciones:

- Cámbiale el pañal con frecuencia y lo antes posible cuando esté sucio, sobre todo si le das el pecho, ya que las heces tienden a ser más líquidas.
- Lávale solo con agua. No uses jabón ni toallitas desechables: de lo contrario puedes debilitar la barrera de protección natural que recubre la piel.
- Déjale con el culito al aire al menos un rato todos los días
- Lávale suavemente, sin restregar su piel, y sin olvidar ningún pliegue.
- Por las noches, cuando le cambies el pañal, utiliza siempre una crema a base de óxido de zinc en la zona.
- No uses talco ni otro tipo de polvos.

 ## Tratamiento de la dermatitis del pañal:

☀ Aumenta al máximo la frecuencia con que le cambias el pañal: aproximadamente cada hora, comprueba si está húmedo o sucio; durante la noche compruébalo por lo menos una vez.

☀ Cada vez que le cambies el pañal, lava la zona a fondo con agua templada; quita cualquier resto de crema o suciedad de la piel.

El culito de mi
bebé es un poema
Susan Benjamin

A TENER EN CUENTA:

★ En el caso de la dermatitis del pañal está claro que es mejor prevenir que curar; le evitarás muchos sufrimientos y malos ratos a tu bebé.

CONSULTA A TU PEDIATRA SI:

● No mejora en tres días a pesar del tratamiento.

● Le cuesta conciliar el sueño.

● Tiene la piel en carne viva o sangra.

● Aparecen ampollas o úlceras en la zona.

● El enrojecimiento se extiende más allá de la zona que cubre el pañal.

✳ No uses toallas ni paños porque le dolería y porque aumentarías la irritación de la zona.

✳ No utilices toallitas desechables ni jabón.

✳ Deja que la piel se seque al aire, sin el pañal. También puedes usar el secador del pelo para secarle, pero usando la opción de aire frío.

✳ Déjale con el culito al aire, tumbado sobre un pañal abierto o un empapador absorbente de usar y tirar (los venden en las farmacias y tiendas especializadas) varias veces al día, unos 15 minutos cada vez.

✳ Usa pañales de una talla mayor y pónselos holgados; o hazle unos orificios para que pueda entrar el aire.

✳ Usa una crema a base de óxido de zinc o una crema al agua; son muy eficaces y le aliviarán en seguida.

✳ Solo debes usar las pomadas con antibióticos, antifúngicos o corticoides si se las prescribe el pediatra.

Me gustaría que durmiera toda la noche de un tirón

La falta de sueño, uno de los efectos colaterales que supone la llegada de un bebé, suele afectar considerablemente a los papás. Durante los tres primeros meses es normal que el niño se despierte una o dos veces durante la noche, pero alrededor de los tres o los cuatro meses esta situación debería empezar a cambiar. Y niños que aprenden solitos y un buen día empiezan a dormir toda la noche de un tirón, pero a otros hay que ayudarles un poquito. A continuación encontrarás un método para enseñarle a dormir correctamente.

 ## Método para inculcar un buen hábito del sueño:

Escoge algún elemento externo que tu hijo pueda asociar con el acto de dormir: un peluche que le guste, su muñeca favorita, un móvil colgado sobre la cuna, etc. Explícale que a partir de ese día el peluche dormirá con él y se quedará a su lado durante toda la noche. Mientras esté aprendiendo el hábito debe ser siempre el mismo peluche o muñeco; así, en cuento lo vea, sabrás que es hora de dormir. Durante la noche tanto los niños como los adultos nos despertamos varias veces y aprovechamos para cambiar de posición, destaparnos, etcétera. Se trata de espacios de tiempo muy breves que al día siguiente no recordamos. Si cuando eso ocurra, tu pequeño ve que todo está como cuando se durmió —él está en la cuna, el peluche está junto a él, el móvil sigue en su sitio— se sentirá a salvo y tranquilo, y volverá a conciliar el sueño sin sentir la necesidad de reclamar nuestra presencia.

Crea una rutina previa al momento de acostarse: para un bebé, rutina equivale a seguridad. La rutina puede consistir en lo siguiente:

El baño: Por regla general les divierte y les relaja y nos sirve para establecer una línea divisoria entre el día y la noche. Tras el baño, mientras le pones el pijama, puedes cantarle una canción, hablarle dulcemente o realizar algún juego sencillo, para acabar de tranquilizarlo.

La cena: No le des de cenar en su habitación, para que no confunda el comer y el dormir. No debe ni atiborrarse ni quedarse con hambre.

Me gustaría que durmiera
toda la noche de un tirón
Susan Benjamin

> "Un niño que a los cinco años
> no ha superado su problema de
> insomnio, tiene más posibilidades
> de padecer trastornos de sueño el
> resto de su vida."

SERGI BANUS, PSICÓLOGO CLÍNICO INFANTIL

Actividad presuelo: Antes de llevarlo a su habitación y meterlo en la cuna, dedícale un rato, entre 5 y 10 minutos. Puedes cantarle una canción, mecerle mientras le hablas o contarle un cuento si es más mayorcito. Lo importante es que se sienta querido, a gusto y seguro. Solo así conseguirá relajarse y conciliar el sueño.

La cuna: Entre las 8.30 y las 9 horas debes dejarlo en la cuna, con el peluche, el chupete si lo usa y cualquier elemento externo que hayas decidido utilizar. Vuelve a contárselo todo aunque te parezca que es muy pequeño como para entender nada de lo que le dices: captará el tono y eso será suficiente.

Soporta el llanto del pequeño con tu pareja: lo normal es que cuando abandones la habitación, el pequeño se ponga a llorar. Resulta muy duro, por lo que es importante que cuentes con el apoyo de tu cónyuge. No caigas en el error de desesperarte y cogerlo en brazos. Lo estás haciendo por su bien y a la lar-

ga todos lo agradeceréis. Tampoco debes dejarlo solo y esperar a que se calme de puro agotamiento. Recuerda que le estás enseñando un hábito, no castigándole. Debe entender que no le has abandonado, de modo que pasado un tiempo prudencial debes entrar en la habitación, acercarte a la cuna —nada de cogerlo en brazos o acunarlo— y le dices que le quieres mucho, que le estás enseñando a dormir solito, que tiene a su peluche y su chupete, que toda va bien. Es posible que ni siquiera te oiga a causa del llanto, pero captará el tono de tu voz. Por eso es importante que demuestres seguridad, decisión y tranquilidad: solo así conseguirás transmitirle que no pasa nada malo y calmarlo. Cada día dejarás pasar más tiempo antes de entrar en su habitación, tal y como muestra la tabla que aparece más abajo. Pasados unos días se producirá el milagro.

TABLA DE TIEMPOS

Minutos que los padres deben esperar antes de entrar a la habitación del niño cuando este llora

DÍA	PRIMERA ESPERA	SEGUNDA ESPERA	TERCERA ESPERA	CUARTA ESPERA
1	1	3	5	5
2	3	5	7	7
3	5	7	9	9
4	7	9	11	11
5	9	11	13	13
6	11	13	15	15
7	13	15	17	17

☀ Si el niño se despierta en plena noche hay que repetir toda la rutina desde el principio, como si le acabaras de acostar.

Me gustaría que durmiera
toda la noche de un tirón
Susan Benjamin

A TENER EN CUENTA:

★ El noventa por ciento de los casos de insomnio infantil tiene solución. Así pues, la verdadera tragedia no es padecer ese mal, sino aceptarlo pasivamente.

CARACTERÍSTICAS CLÍNICAS DEL INSOMNIO INFANTIL (POR HÁBITOS INCORRECTOS):

- Dificultad para iniciar el sueño solo.
- Múltiples despertares nocturnos.
- Sueño superficial (cualquier ruido le despierta).
- Duerme menos horas de lo habitual para su edad.

✹ Solo debes acudir a su habitación si llora o se queja. Si está tranquilo y callado, no hagas nada, aunque esté despierto.

✹ Puedes usar ese mismo método para la hora de la siesta.

✹ Los primeros días resulta un poco agotador, pero piensa en todas las malas noches que te vas a ahorrar si la cosa funciona.

✹ Entre los seis y los nueve meses el bebé empieza a ser capaz de mantenerse despierto por voluntad propia y es posible que sufra una recaída: mantente firme y, si fuera necesario, empieza de cero y aplica de nuevo el método anterior.

 ## Cosas que no debes hacer:

✹ Saltarte el método un día porque estás muy cansada o te da pena tu pequeño: al día siguiente el niño hará todo lo posible para que te lo saltes otra vez y te costará el doble reconducirlo.

✹ Intentar agotarle: se si cansa demasiado se pondrá nervioso y aún le costará más conciliar el sueño.

✹ Pensar que el problema se solucionará por sí solo con el tiempo: tu hijo dispondrá cada vez de más recur-

sos para reclamar tu atención, como llamarte con voz de pena, poner cara de perrito apaleado, levantarse de la cama y amenazarte con tirarse de cabeza, lanzar al peluche al suelo, etcétera.

¿Y si el problema es que mi pequeño tiene insomnio?

Son muy pocos los bebés que realmente tiene un problema de insomnio y entre ellos la mayoría de casos se deben a unos hábitos incorrectos, de modo que tienen solución. Para que puedas evaluar si tu hijo sufre insomnio, en el recuadro encontrarás los síntomas típicos de ese trastorno. No olvides que se trata de niños completamente normales, tanto desde el punto de vista psíquico como físico.

Cómo afecta el insomnio infantil al bebé

- Llora desconsoladamente.
- Está irritable.
- Se muestra malhumorado.
- Desarrolla un sentimiento de dependencia paterna.
- Se siente inseguro.
- Presenta problemas de crecimiento.

Cómo afecta el insomnio infantil a los padres:

- Se sienten frustrados.
- Están agotados.
- Se sienten culpables.
- Discuten entre ellos.
- Disminuye su rendimiento en el trabajo.
- Están de malhumor.

¿De verdad tienen que pincharle?

Una vacuna es un antígeno que cuando entra en tu cuerpo produce anticuerpos. Esta producción de anticuerpos es una respuesta inmunitaria de tu organismo. En cuanto el sistema inmunológico detecta el antígeno, lo memoriza. Si este mismo antígeno vuelve a entrar en el cuerpo, lo reconoce y lo destruye. Por eso las vacunas sirven para prevenir las enfermedades. Concretamente nos protegen de enfermedades infecciosas que muchas veces no tienen tratamiento, ni siquiera en países desarrollados como España, y que pueden resultar mortales o dejar secuelas importantes.

Gracias a las campañas de vacunación hay enfermedades que desaparecen por completo. Es el caso de la viruela, que fue erradicada a mediados de los años setenta del siglo xx.

"Las vacunas salvan millones de vidas en todo el mundo y son una manera eficaz, segura y económica de prevenir un gran número de enfermedades, algunas de ellas mortales."

ALBERTO FERNÁNDEZ JAÉN,
ESPECIALISTA EN NEUROLOGÍA IFANTIL

¿Contra qué debo vacunarle?

Tu pediatra te lo indicará en las visitas de control, pero básicamente debes vacunarle contra las enfermedades siguientes:

La difteria: se contagia por contacto directo con un enfermo y puede provocar asfixia y complicaciones neurológicas.

La poliomielitis: sigue transmitiéndose a través del agua en algunos países africanos; de gravedad variable, puede llegar a provocar parálisis.

El tétanos: el germen que lo provoca es mortal para el hombre.

La hepatitis B: enfermedad del hígado que puede provocar cirrosis, cáncer de hígado, insuficiencia hepática e incluso la muerte.

La tos ferina: infección aguda de las vías respiratorias altas especialmente grave en los recién nacidos y los niños pequeños.

La H. influenza b: es una bacteria responsable de unos 3 millones de enfermedades graves.

El meningococo C: es una bacteria que provoca meningitis, una infección grave de las meninges y el líquido que rodean al cerebro.

El sarampión: infección respiratoria muy contagiosa que afecta sobre todo a niños y adolescentes.

La rubéola: infección leve de la piel y los ganglios linfáticos. Si la contrae una embarazada durante el primer o el segundo trimestre supone una grave amenaza para el feto.

La parotiditis: trastorno conocido también como paperas; se caracteriza por el agrandamiento de las glándulas salivales.

¿Cuándo tengo que ponérselas?

En España, cada comunidad autónoma tiene su propio calendario de vacunación, así que deberás consultar a tu pediatra o preguntar en tu centro de salud

A TENER EN CUENTA:

★ Las primeras vacunas te impresionan más a ti que a él; tu bebé solo nota una molestia que dura unos segundos y que es incapaz de asociar con nada en concreto.

cuándo le tocan las vacunas a tu pequeño. También puedes obtener más información al respecto en la página www.vacunas.org.

En los centros de salud o de atención primaria de la seguridad social, las vacunas se dispensan y se ponen de forma gratuita. Suelen aplicarse en los brazos o las nalgas del bebé. Las vacunas de hoy en día se toleran mucho mejor que las de hace diez años y tienen muchos menos efectos secundarios.

¿Qué puedo hacer para facilitarle el trance?

Es importante que el bebé esté tranquilo cuando llegue a la consulta. Por eso es importante que intentes no ponerte nerviosa; de lo contrario podrías transmitirle tu ansiedad. Si eres de las que se desmayan cuando ven un poco de sangre o una aguja, será mejor que le acompañe tu pareja (tú puedes esperar fuera).

Si el niño usa chupete, llévatelo y ofréceselo tras el pinchazo; le ayudará a consolarse. De todos modos, el mejor consuelo serán tus mimos y tu voz: cógele en brazos, explícale que ya

pasó y que estás ahí para cuidar de él, y cúbrele de besos y caricias. Es importante que lo consueles lo antes posible para que no guarde un mal recuerdo de las vacunas (¡le quedan unas cuantas!). Lo normal es que en cuanto deje de sentir el pinchazo y la molestia que este ocasiona, se le olvide en seguida.

 ## Posibles efectos secundarios:

hay niños que no notan nada de nada; otros en cambio lo pasan un poco mal durante uno o dos días. Es posible que tu hijo experimente:

- Dolor en la zona.
- Fiebre leve.
- Calor en la zona.
- Hinchazón en la zona.
- Enrojecimiento de la zona.

 ## Trata- miento:

Si tu hijo presenta alguno de los síntomas anteriores, aplícale hielo sobre la zona y dale ibuprofeno durante un par o tres de días.

¿Qué podemos hacer hoy?
La estimulación de los
4 a los 12 meses

La estimulación temprana permite desarrollar al máximo ciertas capacidades, habilidades y facultades del niño. Además le ayuda a superar miedos y a conseguir un buen desarrollo psicomotor. Utiliza la imaginación y piensa que cualquier cosa que hagas con él, por pequeña y sencilla que sea, le reportará muchos beneficios.

 ## ¿Cómo puedo estimularle?

✷ Estimula la movilidad de sus piernas: coloca al bebé boca arriba y muévele las piernas primero a la vez y luego de forma alterna. Puedes doblarle las piernas sobre el pecho, moverlas hacia arriba y hacia abajo, hacer la bicicleta, etc.
✷ Estimula la movilidad de sus brazos: muévelos hacia arriba y hacia abajo, ábrelos y ciérralos, etc.
✷ Estimula su movilidad general: cógele una mano y llévasela a la cabeza; el pequeño rodará sobre sí mismo y cambiará de posición; las primeras veces puedes ayudarle un poco.

"A partir del quinto mes, túmbalo boca arriba, coge sus pies y acércaselos hasta que pueda agarrarlos con sus manitas. Esta flexión fortalece sus músculos abdominales."

PEDRO BARREDA, PEDIATRA

✳ Estimula su movilidad general: colócale boca abajo y deja un juguete que le parezca atractivo a cierta distancia de él; el objetivo es que apoye el peso del cuerpo sobre un solo brazo para dejar el otro libre y poder coger lo que le interesa. Luego deja el juguete más lejos y pon tu mano contra la planta de sus pies, de modo que pueda hacer fuerza contra esta y avanzar en busca del objeto deseado.

✳ Estimula su movilidad de su espalda: deja que te coja un dedo con cada mano e ínstale a que se siente; debes dejar que sea él el que realiza el esfuerzo. Repítelo dejando que te coja el dedo de una sola mano.

✳ Estimula su tacto: coge telas con distintas texturas y deslízalas por todo su cuerpo y por la palma de sus manos.

✳ Estimula la movilidad de sus manos: masajéale las palmas de las manos y los deditos, uno a uno.

✳ Estimula el reflejo de coger cosas: colócalo sentado y ofrécele objetos de distintos tamaños, cada vez más pequeños; deja que los toque. Debes vigilarlo muy de cerca ya que a esta edad el niño se lo lleva todo a la boca para explorarlo.

✳ Estimula su vista: ofrécele muñecos distintos y explícale lo que son (mira es un perro, y esto un pez, y esto un gato...)

✳ Estimula su oído: ponle música clásica, sobre todo piezas con instrumentos de viento, y sube y baja el volumen. Altérnalas con piezas musicales infantiles.

✳ Incítale al juego: colócalo sentado entre tus piernas y ofrécele algún juguete; colócate delante de él y esconde tu cara tras tus manos para luego retirarlas ("cu-cu, tras", "ahora estoy, ahora no estoy"), bate palmas, etc. El juego mejora las relaciones socioafectivas.

✳ Estimula su sentido del equilibrio: coloca al niño entre tus piernas, sentado, y empújale suavemente para que se balancee de un lado a otro; tendrá que hacer un esfuerzo para no caerse y así conseguirá mantener el equilibrio por sí mismo.

✳ Estimula su movilidad general: colócalo sentado y ponle delante algún objeto, para que se incline a buscarlo inclinando el cuerpo y alargando el brazo.

¿Qué podemos hacer hoy?
La estimulación de los 4 a los 12 meses
Susan Benjamin

A TENER EN CUENTA:

★ Lo importante es que con estos juegos os lo paséis bien los dos. No se trata de hacerlo genial o de aprender mucho, si no de usar la imaginación y disfrutar en el proceso.

BENEFICIOS DE LA ESTIMULACIÓN TEMPRANA:

● El niño adquiere seguridad en sí mismo: deja atrás el miedo y es capaz de enfrentarse a situaciones y experiencias nuevas.
● Aprende muchos conceptos a la vez: arriba, abajo, dentro, fuera...
● Es capaz de plantearse desafíos.
● Aprende a respetar las instrucciones de quien lo guía.
● Siente más empatía hacia los demás niños y le cuesta menos ayudar al prójimo.

✹ Estimula la movilidad de sus piernas: colócalo boca arriba y haz que se lleve el dedo gordo del pie hacia la boca; después deja que lo haga él solo.

✹ Estimula sus ansias de descubrimientos: coloca al pequeño delante de un espejo que esté bien fijado a la pared y deja que investigue; todavía no se reconocerá, pero puede pasarlo en grande.

✹ Estimula su vista: ponle un calcetín rojo en un pie y otro amarillo en el otro; levántale un pie y repite el color del calcetín; luego levántale el otro y repite el color. Pruébalo con otros colores (el rosa y el verde; el naranja y el violeta, etc).

✹ Estimula su oído: cántale canciones haciendo muchos gestos. O pequeño cuentos poniendo voces (por ejemplo, con tus dedos: "este pide pan, este dice no hay, este va a por leña...")

Guardería sí, guardería no

L a mayoría de padres suelen sufrir un poco cuando llega el momento de llevar a su hijo por primera vez a la guardería. Son muchas las dudas y las incógnitas. ¿No será demasiado pequeño? ¿Cómo le afectará estar entre extraños durante tantas horas? ¿Somos unos buenos padres? ¿Debería uno de los dos dejar de trabajar y ocuparse de él? ¿Va a perjudicar su salud? ¿Sería mejor buscarle una niñera? La verdad es que si tenemos en cuenta las circunstancias actuales y la situación laboral y financiera de muchas familias, la cuestión resulta delicada y complicada. Debes tener claro que las guarderías no son ni absolutamente necesarias ni algo que debamos evitar a toda costa. Así pues, antes de tomar una decisión al respecto, debemos considerar tranquilamente nuestras circunstancias personales y las distintas opciones de las que disponemos.

Cosas que debéis preguntaros:

● Si papá o mamá pueden pedirse una excedencia en el trabajo.

● Si uno de los dos puede permitirse dejar de trabajar.

● Si os apetece y podéis trabajar uno por la mañana y el otro por la tarde, y ocuparos del peque la mitad del día que no os toque trabajar.

● Si hay algún abuelo/a que viva cerca o relativamente cerca y esté dispuesto/a a cuidar del bebé.

● Si conocéis a alguien de confianza y con aptitudes que pueda ocuparse de vuestro hijo.

● Si conocéis alguna guardería del barrio que os inspire confianza y si podéis pagar lo que cuesta.

● Si podríais tener acceso a una guardería del ayuntamiento (son muy baratas y suelen funcionar muy bien y tener muy buenas instalaciones).

● Si el niño tiene abuelos pero están mayores y solo deberían ocuparse del niño en casos puntuales (por ejemplo, cuando se ponga enfermo en la guardería) o un ratito por la tarde (desde que sale de la guardería hasta que vosotros llegáis del trabajo).

"Las guarderías existen porque los padres tenemos que trabajar. Si es posible, es mejor esperar a que el niño tenga más de 12 o 18 meses para llevarlo a la guardería."

AMALIA ARCE, PEDIATRA

Cuando hayáis respondido todas las preguntas, sentaros un rato a analizar las respuestas y pensad cuál es la mejor solución en vuestro caso. A veces la guardería es la única opción, nos guste o no.

 ## Cosas a tener en cuenta a la hora de escoger guardería:

Es importante que la visites y te pasees por ella, para ver si te inspira confianza, cómo actúan los cuidadores, cómo ves a los niños que hay en las aulas, etc. Fíjate o pregunta:

● Si tiene cocinera y cocina propias.

● Si está cerca: así los compañeros de clase de tu hijo serán del barrio y se los encontrará en el parque y por la calle.

● Si cumple las normas básicas de seguridad: ventanas altas, barandilla de escalera adaptada a su altura, mesas con los cantos redondeados...)

● Si las aulas son amplias y luminosas

● Si el patio es agradable y está bien adaptado.

● Si las aulas tienen el número correcto de alumnos: 8 como máximo en el aula de menores de un año; 13 como máximo en el aula de 1 a 2 años.

● Si los educadores están cualificados: deben conocer el desarrollo del niño y ser capaces de actuar correctamente si surge algún problema.

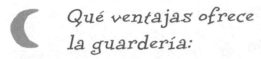 Qué ventajas ofrece la guardería:

Debes tener claro que lo mismo que el niño aprende en la guardería puede aprenderlo en casa, siempre que te esfuerces un poco y le dediques tiempo y ganas. Lo ideal, siempre que sea posible, es que si lo llevas a la guardería lo hagas o alrededor de los ocho meses, momento en que se adaptan mejor, o hacia los 18 meses, momento en que ya tiene el suficiente control de sí mismo como para adaptarse sin grandes problemas al nuevo medio. Ten en cuenta que si le llevas a la guardería debes tener un plan B preparado para cuando se ponga enfermo, sobre todo si tienes un jefe poco amigo de conceder días a sus trabajadores por ese tipo de motivos. Algunas madres que no trabajan deciden llevar a sus hijos igualmente unas horas a la guardería a partir de los 18-24 meses, para que se acostumbren a estar con otros niños y aprendan algunos hábitos y conductas que les serán útiles luego en el colegio. También existe la solución mixta, es decir, llevar al niño a la guardería unas horas por la mañana y pedir a los abuelos que lo recojan después de comer y le pongan a hacer la siesta hasta que nosotros lleguemos (para que no estén tantas horas en el centro infantil); en este caso también serán los abuelos los que se encarguen de ellos cuando estén malitos.

Algunas de las cosas que aprenderá el niño en la guardería:
* A interactuar con otros niños: a divertirse y pelearse, a sentirse parte de un grupo, a compartir, a esperar su turno...
* A ser más autónomo: aprende a comer, a limpiarse las manos, a coger los lápices, etc.
* A seguir horarios y rutinas: a los niños eso les encanta.
* A descubrir valores como la amistad, la solidaridad, el esfuerzo, etc.
* A desarrollar su psicomotricidad: se fomenta el gateo, los primeros pasos, etc.
* A adquirir aprendizajes fundamentales: dejar el pañal, hablar, lavarse los dientes, etc.
* A adquirir buenos hábitos de sueño.
* A compartir juegos y risas: eso facilitará aprendizajes posteriores tales como

A TENER EN CUENTA:

⭐ Considera bien todas las opciones y cuando tengas claro lo que vas a hacer no pierda el tiempo dándole más vueltas o sintiéndote culpable porque eso no sirve de nada. Adáptate a las nuevas circunstancias e intenta sacarles el máximo partido.

el diálogo, los sentimientos de comprensión y de posesión, etc.
✱ A desarrollar su forma de comunicarse: no lo hacen igual con los padres, que con los educadores, y los demás niños.

 ## El período de adaptación:

Para que el niño se adapte bien a la nueva situación es importante que realices un período de adaptación. Debes empezar dos semanas antes de que tengas que incorporarte al trabajo:
El primer día déjale solo una hora, para que empiece a familiarizarse con el entorno. Luego ves ampliando poco a poco el tiempo. Según reaccione el niño, la adaptación será más o menos rápida. Pasados tres o cuatro días, le dejaremos a comer. Y luego a dormir la siesta. La idea es ir alargando los tiempos hasta conseguir que complete el horario que vaya a hacer de normal. A la hora de separarnos es importante que le demos un beso y un abrazo, que le digamos que volveremos a por él más tarde y que nos vayamos en seguida para no alargar el calvario. Aunque se quede llorando, piensa que suelen consolarse en cuanto desaparecemos.

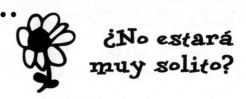

¿No estará muy solito?

El bebé no tiene porqué sentirse solito si cuando nos necesita le atendemos en seguida. Los primeros meses te resultará muy útil tenerlo en tu habitación. Así, cuando se despierte o llore, cosa que hará varias veces en una noche, le oirás de inmediato y bastará con que te levantes o te inclines sobre su cuna. Y cuando esté dormido, estará feliz y no te echará en falta.

Durante los tres primeros meses:

✸ Es más cómodo tenerlo en la habitación donde duermes tú: los primeros meses el bebé se despierta un par de veces durante la noche porque tiene hambre. Si lo tienes al lado te será más fácil darle de comer y luego seguir durmiendo, sobre todo si le das el pecho. En el caso de que lo alimentes con biberón, tendrás que levantarte para ir a la cocina y prepararlo, pero incluso en eses caso suele resultar más cómodo tenerlo en la habitación.

✸ Es preferible meterlo en un moisés que en una cuna de barrotes: el bebé es muy pequeño todavía y se sentirá más arropado y seguro en un espacio pequeño que en uno más grande y frío. Existen cunas que crecen con el bebé, es decir, que pueden hacerse más grandes o más pequeñas según las necesidades y la edad de éste: resultan muy útiles si no dispones de mucho espacio.

✸ Si le das el pecho en la cama y temes quedarte dormida, asegúrate de que el niño está entre papá y mamá, o entre mamá y la pared (corre la cama si hace falta), para que no pueda caerse al suelo y hacerse daño. Y no utilices edredones o mantas muy pesadas, ya que podría asfixiarse.

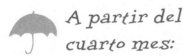

A partir del cuarto mes:

✸ Puedes trasladarlo a su habitación. Si ha empezado a dormir toda la noche, ya no hay razón para que siga durmiendo en tu habitación; si sigue despertándose por la noche será una forma de decirle que quieres que duerma toda la noche, que la noche es para descansar y no para comer.

> "Durante el sueño ocurren cambios importantes en el cuerpo: se secretan hormonas relacionadas con el crecimiento, se llevan a cabo procesos de reparación celular y se consolida el aprendizaje adquirido durante el día."
>
> MEYER MAGARICI, PEDIATRA

✳ Aprovechando el cambio, puedes pasarlo a la cuna de barrotes: el bebé ha crecido y está más fuerte, de modo que la cuna ya no le parecerá una inmensidad.

¿Puede dormir con nosotros?

Al bebé le encantará dormir con papá y mamá, porque adora el contacto físico y porque tendrá la leche a mano. El problema es la seguridad. Según algunos estudios, los bebés que comparten cama con los padres son más propensos a sufrir una muerte súbita. Además, corren el peligro de morir ahogados —so-

bre todo si la manta o el edredón son gordos y pesados— o aplastados —sobre todo si el papá o la mamá se mueven mucho mientras duermen. Por todo esto creo francamente que es mejor que el bebé duerma en su propia cama, aunque si quieres esta puede estar pegada a tu cama.

Algunas medidas de seguridad:

✺ El colchón de la cuna debe ser duro y firme, y quedar bien ajustado para que al bebé no se le pueda quedar atrapado un pie o una mano en ningún hueco.
✺ Pon protectores acolchados de los que se atan en los barrotes; todavía necesita un nido en el que sentirse protegido y además evitarás que pueda hacerse daño golpeándose la cabeza con un barrote o que se le quede una pierna atrapada entre los barrotes y no pueda sacarla.
✺ No necesita almohada.
✺ Mientras duerme, saca los juguetes de la cuna: no los necesita para nada y evitarás posibles accidentes.

¿Cómo le enseño a dormir?

El primer año es fundamental para la adquisición de un buen hábito de sueño y para prevenir trastornos o problemas que puedan surgir más adelante. Así que vale la pena que enseñes a tu bebé a dormir bien y solo desde el principio:

Enséñale a distinguir el día y la noche: de día acuéstale con algo de luz (puedes correr las cortinas pero no bajes las persianas) y con el ruido de fondo propio de la casa (el tráfico ahogado, la tele, la lavadora, etc); por la noche acuéstale a oscuras y sin ruidos.
Antes de acostarlo por la noche, establece una rutina, por ejemplo, báñale, ponle el pijama, dale la cena y léele un cuento o cántale una canción. Hazlo todos los días y en el mismo orden. E intenta acostarlo siempre a la misma hora. Pue-

A TENER EN CUENTA:

★ Es muy, muy importante que alrededor de los cinco o seis meses le enseñes a dormir bien y solo. El niño lo agradecerá, por supuesto, pero para papá y mamá es fundamental.

des ofrecerle un peluche y contarle que a partir de ese día dormirá siempre con él; así lo asociará con el sueño y en cuanto lo vea sabrá que es hora de descansar. Luego apaga la luz, dile que tiene que descansar y márchate.

Es importante que salgas de la habitación mientras todavía está despierto, para que aprenda a dormirse solo. Si te quedas hasta que se duerma, cada vez que se despierte necesitará que te quedes; y eso a las tres de la madrugada puede ser un fastidio.

Si se despierta durante la noche, no enciendas la luz ni juegues con él. Comprueba si tiene frío, calor o sed, soluciona el problema y luego explícale, con voz pausada y tranquila, que es de noche y debe volver a dormirse. Luego márchate y deja que vuelva a dormirse solito. Las primeras noches es posible que te toque hacer varios viajes, pero acabará entendiéndolo.

¡A mi niña le han salido escamas en el cuero cabelludo!

 ## ¿Qué es la costra láctea?

La costra láctea o costra del lactante es una secreción seborreica que aparece en la cabeza del bebé en forma de pequeñas costras amarillentas. Dichas costras se adhieren al cuero cabelludo y resultan un tanto antiestéticas. Sin embargo, son inofensivas y suelen desaparecer en unas cuantas semanas.

La costra láctea suele aparecer durante las primeras semanas de vida del bebé, pero puede hacerlo en cualquier momento hasta alrededor de los tres años. A veces se manifiesta también en las cejas, los párpados, los oídos, alrededor de la nariz y en las ingles. A pesar de su nombre no tiene nada que ver con la leche.

 ## ¿Qué consecuencias tiene?

En principio no tiene ninguna importancia y no resulta dolorosa. A veces, no obstante, puede ocasionar picor; si el niño se rasca, la zona se inflama más y las grietas que aparecen en la piel pueden originar alguna infección o incluso sangrar. También es posible que a tu bebé se le caiga el pelo pero no te preocupes, ya le volverá a crecer.

 ## Causas de la costra láctea:

La verdad que no se sabe muy bien cuál es la causa concreta de este trastorno. A continuación detallo algunas hipótesis, pero debes saber que no existe consenso entre los especialistas:

- No se debe a la leche.
- Tampoco es el resultado de una mala higiene.
- No se trata de una alergia.

¡A mi niña le han salido
escamas en el cuero cabelludo!
Susan Benjamin

> "La mayoría de pediatras y
> dermatólogos consideran que la
> costra láctea, que suele aparecer en
> las 2-3 primeras semanas de vida, es
> la primera manifestación de una
> dermatitis seborreica infantil."

MIGUEL MUÑOZ GARRATALÁ, PEDIATRA

● Suele deberse al efecto de las hormonas sexuales maternas que pasan al niño durante la parte final del embarazo. Estas estimulan en exceso las glándulas sebáceas, que producen el sebo que forma la costra láctea.
● Tiene un claro componente genético, de modo que hay niños más propensos a tenerla que otros.

 ## Posibles tratamientos:

En realidad no hace falta que hagas nada, salvo que el caso sea muy grave. De todos modos, si la costra te resulta desagradable puedes probar alguna de las ideas siguientes:

☀ Aplica sobre la zona un aceite mineral (los vegetales hacen que las escamas adquieran una tonalidad verdosa y desprenden un olor más fuerte), déja-

lo actuar durante 15 minutos y luego lávala con un champú especial para bebés.

✳ Masajea el cuero cabelludo del pequeño con los dedos o con un cepillo suave, para que las costras se desprendan y para mejorar la circulación en la zona.

✳ Lávale el pelo a diario con un jabón de glicerina. Enjuágale el pelo con agua abundante, para que no queden restos de jabón. Hazlo con cuidado y sin restregar. Cuando las costras desaparezcan bastará con que le laves el pelo dos veces a la semana.

✳ Peínale el pelo con un cepillo limpio y suave varias veces al día, para que las costras se desprendan.

✳ Úntale la zona con vaselina una hora antes del baño diario, para que las costras se reblandezcan. Luego lávale el pelo sin frotar y pásale un cepillo por el pelo.

✳ O lo dicho, ponle un gorrito y déjale tranquilo. Seguramente las costras desaparecerán por sí solas pasado algún tiempo.

A TENER EN CUENTA:

★ Si las costras se resisten a desaparecer, coméntaselo al pediatra. A lo mejor te aconseja un tratamiento más fuerte.

¡El más bonito para mi niño!

Cuando uno es padre por primera vez es fácil perder la cordura y dejarse llevar por la emoción. Sobre todo en determinadas fechas, como la navidad o el primer cumpleaños del peque. Y si tú consigues dominarte y dejarte guiar por el sentido común, te tocará lidiar con los abuelos, los tíos y los padrinos, a los que todo les parecerá poco.

En el mercado existen muchos juguetes especialmente diseñados para estimular sus habilidades innatas y sus ansias de investigarlo todo. Aún así, a veces tu hijo preferirá la caja de cartón o el envoltorio de vivos colores que el juguete que va dentro.

Existen muchas tiendas especializadas donde puedes asesorarte y buscar ideas. En general, debes tener claro lo siguiente:

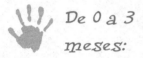 De 0 a 3 meses:

Su movilidad es todavía muy limitada, de modo que solo necesita algún juguete que atraiga su atención, ya sea por sus colores o por el sonido que emite. Los objetos que más le gustan son los blancos y negros y los que emiten sonidos suaves o alguna música tipo nana. Si quieres comprarle algo opta por un móvil musical o unos cubos de tela bien blanditos con distintos diseños en blanco y negro. A esta edad, sin embargo, sus mejores juguetes son papá y mamá: su cara, su voz, su olor, etc.

> "Los juguetes que el niño pide y obtiene enseguida, pierden rápidamente su valor."
>
> ANA MARTÍNEZ RUBIO,
> PEDIATRA Y MIEMBRO DE LA AEP

De 3 a 6 meses:

A esta edad el niño comienza a investigar con las manos y la boca. Así pues los juguetes más indicados serán los que tengan muchos colores, texturas, materiales y formas, que estimulen todos sus sentidos. Servirán los muñecos de peluche blanditos, los mordedores, los sonajeros, etc.

De 6 a 9 meses:

El niño ya es capaz de sentarse y gatear, de modo que su juego se vuelve mucho más interactivo. Sus preferidos serán los juguetes que se desplazan o aquellos que pueda manipular, tales como las pelotas, los cubos apilables o los coches.

De 9 a 12 meses:

El niño tiene unos movimientos más controlados y un desarrollo cognitivo mayor. Entre los que más le atraen están los juguetes de meter y sacar, por ejemplo el que consiste en insertar unos aros en un tubo central, y aquellos que imitan los objetos que usan los adultos, como los teléfonos de juguete.

Algunos consejos:

✸ Es importantísimo que el juguete sea adecuado para su edad: si es para niños más pequeños se aburrirá; si es para niños más grandes puede ser peligroso para él.
✸ Los juguetes deben ser seguros y cumplir todas las normativas: comprueba que no tengan ninguna pieza pequeña que pueda desprenderse y suponer un peligro para tu hijo.

¡El más bonito
para mi niño!
Susan Benjamin

A TENER EN CUENTA:

★ Utiliza la imaginación e inventa sus propios juguetes: una caja llena de pinzas de la ropa de colores, un recipiente con rulos de colores de distintos tamaños, un bote con botones grandotes y cordones para insertarlos, etc.

✹ No le ofrezcas muchos juguetes a la vez, porque se dispersará y no será capaz de concentrarse en ninguno. Ofréceselos de uno en uno y dejándole el tiempo necesario para familiarizarse con él.

✹ Habla con los miembros de tu familia e intenta hacerles entender que el niño no les va a querer más porque le compren la cocinita más grande del mercado o la moto eléctrica más cara. Y menos mientras sea tan pequeño.

 ### No le des nunca a tu bebé:

✹ Juguetes pesados: podría lastimarse.

✹ Juguetes de PVC: desprenden partículas tóxicas al estar en contacto con la saliva.

✹ Juguetes muy pequeños: podría tragárselos y atragantarse; si tiene hermanos más mayores tendrás que tener especial cuidado con este tema.

✹ Juguete con hilos, correas o cintas largas: podrían enrollarse en su cuello y asfixiarlo.

✹ Juguetes con piezas pequeñas: si se desprenden el bebé podría tragárselas.

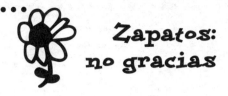

Zapatos: no gracias

L a función básica de los zapatos es proteger los pies al caminar. Es por eso que hasta que el niño no empiece a andar no necesita llevar nada rígido en los pies. Basta con ponerle unos buenos calcetines, más o menos gruesos dependiendo de la climatología, y si queremos unos peucos encima. Si le ponemos zapatos antes de tiempo lo único que conseguiremos es irritarle los pies, torcerle las uñas o los deditos del pie e incluso provocarle alguna infección. Además, podemos entorpecer el correcto desarrollo de su pie. Así pues, no escuches a los que te digan que el niño tiene que llevar zapatos, que los hay remonísmos y que sin ellos parece que va sin vestir. Yo te aconsejo que compres unos cuantos calcetines bien bonitos que le combinen con la ropa. Eso sí, compra dos pares de cada, o tres, porque se pierden muy fácilmente.

Debe empezar a usar zapatos cuando comience a ponerse de pie o a dar sus primeros pasitos. Para cuando llegue ese momento lo más importante es la comodidad. Olvídate de las modas y de ser original y cómprale unos zapatos que sean flexibles, que estén fabricados con buenos materiales y que permitan transpirar al pie.

Los zapatos deben seguir las normas siguientes:

 ## Para dar sus primeros pasos:

- Estar bien ventilados: para dejar transpirar el pie.
- Estar fabricados con materiales suaves y antialérgicos.
- Ser de buena calidad.
- Tener una planta del pie bien definida.
- Llevar suela antideslizante: para evitar caídas.
- Ofrecer seguridad y adherencia.
- Tener el talón firme: para evitar torceduras.
- Mejor los de velcro que los de cordones: los cordones se desatan muy fácilmente y el niño puede tropezarse con ellos.

> "Cuando empiece a usar zapatos, estos deben tener la horma holgada ya que el pie infantil crece muy deprisa. Lo mejor es que recoja bien su pie. La suela debe ser flexible y con dibujos antideslizantes."
>
> PEDRO BARREDA, PEDIATRA

 Cuando el niño ya anda bien:

- Tener una planta gruesa.
- Llevar un buen contrafuerte: para proporcionar estabilidad y firmeza al pie.
- Pesar poco: para que ande con agilidad.
- Ser seguros y cómodos.
- Ser resistentes.
- Llevar algún sistema de relleno que alivie un poco el impacto.

● Mejor los de velcro que los de cordones: deja los cordones para más adelante, para cuando el niño deba aprender a abrocharlos.

 ### Otras cosas a tener en cuenta:

● Cuando empiece a llevar zapatos, pero todavía lo lleves en el cochecito de paseo, debes vigilar que no se le caigan. En seguida aprenden a quitárselos y puedes acabar con un montón de zapatos desparejados en casa.

A TENER EN CUENTA:

★ Si los materiales con los que está hecho el zapato son malos, pueden causarle ampollas o mal olor de pies.

¿Cómo puedo prevenir la bronquiolitis?

 ¿Qué es la bronquiolitis?

Es una inflamación de los bronquiolos causada por distintas clases de virus. Empieza como un cuadro catarral que luego baja a los pulmones y daña los bronquios. El problema es que en los niños menores de dos años, la parte final de los bronquios es tan pequeña que si se inflama suele obstruirse e impide el paso del aire. Por eso cuando más pequeño sea el niño, más probabilidades tiene de sufrirla.

La epidemia suele empezar entre octubre y noviembre, alcanza su punto álgido a finales de diciembre y acaba entre marzo y abril.

Se contagia como un resfriado, es decir, a través del contacto cercano con saliva o moco. Los niños son mucho más propensos a sufrirla que las niñas.

"La bronquiolitis afecta a los niños menores de dos años, con una edad pico entre los 3 y los 6 meses de edad."

EDUARDO MORGADO, MÉDICO ESPECIALISTA EN PEDIATRÍA

Síntomas de la enfermedad:

Dado que empieza como un simple catarro, cuando nuestro niño esté resfriado deberemos observarlo de cerca, por si se complicara y derivara en una bronquiolitis. Los síntomas son:

● Mucha mucosidad.
● Tos.
● Dificultad para respirar o respiración acelerada.
● Silbidos en el pecho: es una de las razones por las que su pediatra le ausculta.
● Fiebre alta.
● Inapetencia.
● Decaimiento.
● Vómitos provocados por el exceso de mucosidad.

¿Cómo se puede prevenir?

El responsable de la enfermedad es un virus y por tanto es difícil de prevenir, pero podemos hacer algunas cosas para disminuir las probabilidades de contagio:

✳ Intenta que tenga siempre la nariz bien limpia, sobre todo durante los meses invernales.
✳ Evita los lugares muy concurridos, por ejemplo los hipermercados el sábado por la tarde.
✳ No vayas de urgencias a menos que sea indispensable: en la sala de espera habrá muchos virus sueltos. Es preferible pedir hora a tu pediatra y, a ser posible, escoger las primeras horas de la mañana o de la tarde para acudir a la consulta.

A TENER EN CUENTA:

⭐ Si tu hijo tiene menos de un mes y medio y contrae una bronquiolitis es muy probable que tengas que hospitalizarlo. En el hospital le tratarán con oxígeno y aerosoles y le vigilarán de cerca para que no surjan complicaciones.

✹ Si viene algún amiguito o primo más mayor a casa, de 3 a 6 años, y está resfriado, intentaremos que no abrace ni esté muy cerca del bebé: puede ser portador del virus aunque a él no se le desarrolle.

 ### ¿Cómo puedo ayudar al bebé a superarla?

✹ Límpiale bien la nariz: échale suero fisiológico y utiliza un aspirador nasal.

✹ Ofrécele líquidos con frecuencia: para que las flemas se vuelvan más líquidas y pueda expulsarlas con mayor facilidad.

✹ Ocúpate de que en casa el ambiente sea húmedo: puedes usar un humidificador y no poner muy fuerte la calefacción.

✹ Coloca al niño semiincorporado, en una sillita para recién nacidos: le resultará más fácil respirar.

✹ Por la noche, si notas que le cuesta respirar, incorpórale también un poco; puedes colocar un cojín o almohada bajo el colchón, en la parte de arriba o, si le cuesta mucho, dejar que duerma toda la noche en una sillita o hamaca para bebés en la que quede semisentado.

 Llévale a algún centro donde practiquen técnicas de fisioterapia para bebés: pídele al fisioterapeuta que le realice un masaje específico en el pecho y en la espalda para ayudarle a movilizar las secreciones de moco y facilitar su expulsión. Si tu hijo es propenso a las bronquiolitis, puedes aprender a hacerlo tú misma.

 Si está tosiendo con fuerza o le cuesta respirar, deja correr el agua caliente en la bañera o ducha hasta que el baño se llene de vapor; siéntate ahí con tu hijo y espera a que se le pase un poco la crisis.

 Prepárale comidas ligeras: es normal que pierda el apetito, por eso debes ofrecerle cantidades pequeñas de alimentos que sean fáciles de ingerir, pero hacerlo más veces al día que de normal. De paso será menos probable que regurgite.

 No fumes en casa ni dejes que fume nadie.

¿Es grave la gastroenteritis?

 ## ¿Qué es la gastroenteritis?

Hablamos de gastroenteritis cuando se inflama la mucosa del estómago (gastritis) y la mucosa de los intestinos (enteritis), es decir, cuando se produce la irritación e inflamación de todo el tracto digestivo. Suele durar entre dos y tres días, aunque en casos graves puede prolongarse más.

 ## Síntomas de la gastroenteritis:

- Pérdida del apetito.
- Náuseas.
- Diarrea, que puede llegar a ser completamente líquida.
- Accesos de vómito.
- Dolor de tripa y malestar.
- Fiebre.
- Debilidad extrema.

> *"La diarrea infecciosa aguda constituye una de las principales causas de muerte en la infancia."*
>
> PEDRO MANUEL ROJO, LICENCIADO EN ENFERMERÍA

 ## Posibles causas:

- Un virus: se transmite con facilidad por contacto directo.
- Alimentos y bebidas contaminados por microbios.
- Alimentos alérgicos: marisco, huevos o carne de cerdo.
- Alteración de la flora bacteriana natural del tracto digestivo.
- Antibióticos: pueden alterar el equilibrio natural de la flora intestinal.

Tratamiento adecuado:

✳ El niño debe permanecer en casa haciendo reposo.

✳ Debe beber mucho líquido, unos 2 litros diarios de agua o suero oral hiposódico (lo venden en las farmacias en dos formatos distintos: ya preparado o en polvo para preparar en casa). Si le ofreces otras bebidas, como por ejemplo manzanilla, no debes ponerle azúcar, ya que este podría prolongar la diarrea. Debe beber el líquido en pequeña cantidades (a sorbitos) y sin forzarle. El líquido debe ser abundante para evitar una posible deshidratación, que en los bebés se produce muy rápidamente.

✳ El niño no debe ingerir alimentos durante las primeras horas; luego, en cuanto la gastroenteritis empiece a remitir y el niño recupere el apetito, le ofrecerás una dieta blanda astringente.

✳ Si el niño todavía toma leche de fórmula, ves a la farmacia y compra leche sin lactosa; si la toma con cereales, compra cereales de arroz. Si todavía toma el pecho, antes de la toma puedes ofrecerle un poco de suero oral con un biberón.

✳ Una vez controlada la primera fase de la gastroenteritis, es decir, cuando el niño haga menos de 3-4 deposiciones al día y ya no vomite, puedes empezar a introducir alimentos sólidos en su dieta, pero en pequeñas cantidades y comprobando que le sientan bien (siempre, claro, que el niño ya esté tomando sólidos).

A TENER EN CUENTA:

★ Si tu hijo tiene gastroenteritis tu mayor preocupación debe ser que no se deshidrate.

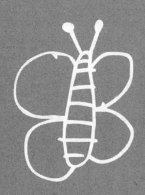

Alimentos permitidos:

✹ Sopas y purés: sopa de arroz, sopa de zanahoria, puré de patatas y zanahoria, sopa de pescado.

✹ Huevos: huevo pasado por agua, huevo duro o tortilla.

✹ Pescado: pescado blanco, como merluza, lenguado, rape o gallo, cocido o a la plancha.

✹ Carne: carne de ave cocida o a la plancha y sin piel.

✹ Frutas: manzana asada, manzana oxidada con unas gotas de limón (rallada o pelada y cortada a trozos; déjala reposar un rato para que se oxide, o sea, para que se ponga marrón), membrillo y plátano maduro (también puedes añadirle unas gotitas de limón).

✹ Pan: pan blanco tostado.

✹ Infusiones: de té o manzanilla, pero edulcoradas con sacarina (no debes usar azúcar).

✹ Cuando la mejoría sea notable puedes incorporar el yogur natural y el queso fresco; es la forma de comprobar si empieza a tolerar los lácteos.

Estos alimentos los puede tomar tal cual o triturados en forma de papilla.

Alimentos que no debe tomar:

- Leche y sus derivados.
- Verduras crudas.
- Verduras verdes cocidas: acelgas, espinacas, etc.
- Almendras, nueces, compotas y pan negro: por su efecto laxante.
- Dulces: caramelos, chocolate, bollos, azúcar, etc.
- Bebidas muy frías, refrescos y agua con gas.

¿Cómo puedo saber si mi hijo se está deshidratando?

Si tu hijo llora pero no derrama lágrimas, si orina poco, si le ves la piel seca y poco flexible, si tiene los labios resecos, si parece que no tiene saliva o si le ves los ojos hundidos, llévale al hospital. Los bebés se deshidratan muy rápidamente y las consecuencias pueden ser muy graves.

¡Todos a bordo!

Las cifras son claras. En España mueren o sufren heridas graves a causa de un accidente de tráfico 1,6 niños al día. Y al año pierden la vida alrededor de 600 niños menores de 14 años. Si se utilizaran siempre los dispositivos de seguridad **obligatorios** se evitarían tres de cada cuatro muertes y nueve de cada diez lesiones. ¿No hay mucho que añadir, verdad?

Los niños son los pasajeros más vulnerables dentro del coche, y cuanto más pequeños, más vulnerables. Por eso con ellos debemos extremar las precauciones y cumplir las normas a rajatabla. Los expertos aconsejan que los niños viajen en sillita o alzador hasta que tengan 12 años (o hasta que midan 1,50 m).

> *"El porta bebés se puede usar hasta los 4-6 meses, siempre con su cinturón de seguridad. Debe ser un modelo homologado, es decir, que tenga validez en la comunidad europea."*
>
> CRISTINA LÓPEZ ORTEGO, PEDIATRA

Clasificación de sillas y alzadazos de coche:

Grupo 0: hasta 10 kg de peso (de 0 a 9 meses)

Son sillitas con arneses de seguridad que se sujetan al coche con el cinturón de seguridad. Deben colocarse en el sentido contrario a la marcha (mirando hacia atrás) y pueden ir tanto en el asiento de delante como en el de atrás. Si se instala en el de delante, el coche no debe tener airbag o este debe estar desconectado; si se abriera el airbag podría ser mortal para el bebé. Si se coloca en el asiento de atrás es preferible hacerlo en el centro. Colocando la silla de este modo se reduce el riesgo de lesiones cervicales en impactos frontales y aumenta la protección en caso de golpes laterales.

Los capazos también se incluyen en este grupo: se colocan en posición horizontal sobre el asiento de atrás, con la parte donde el niño tiene la cabeza hacia el centro, y se ata con el cinturón de seguridad.

Grupo I: entre 9 y 18 kg de peso (de 9 meses a 3 años)

Son unas sillitas que llevan arnés y se sujetan al asiento con el cinturón de seguridad del coche. Se colocan en el asiento posterior, a ser posible en el centro, y en el sentido de la marcha (o sea, mirando hacia delante).

Grupo II: entre 15 y 25 kg de peso (de 3 a 6 años)

Son sillitas o cojines elevadores con respaldo que se colocan preferentemente en el asiento de atrás, en el sentido de la marcha. Deben llevar una guía que permita ajustar el cinturón de seguridad del coche a la altura del hombro del niño. La banda horizontal debe pasar a la altura de su cadera, no de su estómago.

Grupo III: entre 22 y 36 kg (de 6 a 12 años)

Son cojines elevadores sin respaldo; deben ser regulables, para poder ajustar bien el cinturón de seguridad del coche, que es con lo que se sujeta. El cintu-

rón debe quedar sobre la clavícula del niño.

En el mercado existen modelos que gracias a una serie de accesorios y piezas desmontables sirven para varios de los grupos. Guarda bien las instrucciones porque las necesitarás cuando debas realizar algún cambio o adaptación.

¿Qué es el sistema isofix?

Es un sistema de anclaje que se usa para sujetar la silla al automóvil, concretamente al asiento trasero de este y en el sentido de la marcha. En los vehículos que lo llevan, la silla se ancla al chasis, en dos puntos rígidos atornillados a la carrocería, y a un tercer punto que puede ser un anclaje superior (*top tether* o cinturón que sujeta la silla por detrás del asiento del vehículo) o una pata de apoyo entre la base de la silla y el suelo. Actualmente, las sillas con este sistema de sujeción son las más seguras que existen, aunque también son las más caras. De todas maneras, es necesario que el coche esté equipado con el sistema para poderlas usar.

 ## Consejos para un uso seguro de las sillas de coche:

Consulta las instrucciones con atención antes de usar la silla por primera vez. Comprueba que esté bien instalada y anclada.

Ajusta el cinturón al cuerpo del niño. El cinturón debe quedar liso y las hebillas no deben tocar las partes rígidas de la silla, ya que podrían abrirse accidentalmente a causa del contacto.

En cuanto tenga un poco más de movilidad, explica a tu hijo que no debe manipular ni jugar con los mecanismos de la silla.

No compres una silla de segunda mano, sobre todo si desconoces los antecedentes.

Jamás lleves en el coche a un niño que mida menos de 1,35-1,40 m sin sillita o alzador y bien atado.

Esos artefactos llamados sacaleches

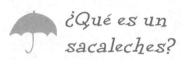 ¿Qué es un sacaleches?

Los sacaleches o extractores son unos aparatos que sirven para extraer la leche de las mamas de la madre y almacenarla para su posterior consumo. Suelen usarse en el caso de niños prematuros que deben permanecer en la incubadora, ya que la madre no se lo puede poner directamente al pecho pero la leche materna resulta muy beneficiosa para ellos; o en el caso de niños que toman leche materna y tienen que estar hospitalizados durante algún tiempo, para que la madre no tenga que estar de guardia en el hospital las 24 horas del día. Pero también puedes usarlo si te apetece salir una noche o tienes la oportunidad de hacer algún viaje y no quieres dejar la lactancia materna.

"Es mejor amamantar directamente al bebé que usar un sacaleches, pero es mejor usar un sacaleches que pasar a la leche de fórmula."

MARIE THIRION,
ESPECIALISTA EN SALUD Y NUTRICIÓN

Tipos de sacaleches:

Manual o mecánico: funciona, tal y como indica su nombre, accionando un mecanismo con la mano. Los hay de gatillo, de pera, etc. Su principal ventaja es que permite ejercer un control total sobre la succión, es decir, que con él podemos controlar la velocidad, la intensidad, la duración y el tiempo de pausa. Su principal inconveniente es que a veces cuesta más que funcione correctamente y saque la leche, sobre todo cuando no se tiene mucha práctica.

Eléctrico: dispone de un motor eléctrico que lo hace funcionar. Suele conseguir que salga la leche sin grandes dificultades. Entre sus inconvenientes está que la mayoría de modelos no permiten ajustar todos los parámetros, si no solo la velocidad y la intensidad. Y su precio más elevado. Existen dos tipos:

❋ De extracción doble: permite extraer leche de los dos pechos a la vez. Es realmente mucho más rápido ya que extrae la misma cantidad de leche en la mitad de tiempo. Además, las madres que lo usan producen más leche porque este tipo de aparato aumenta los niveles de prolactina, la hormona que regula la producción de la leche. Por todo ello es sin duda alguna el más práctico.
❋ De extracción simple: extrae leche de un solo pecho cada vez. Sale más caro que el manual pero tarda más o menos el mismo tiempo en extraer la misma leche que este último.

Cómo elegir el sacaleches más adecuado:

Para poder elegir el sacaleches debes tener claro el uso que vas a darle.
❋ Si lo usas como apoyo a la lactancia, es decir, de forma ocasional: te basta con un sacaleches manual.
❋ Si piensas usarlo solo durante algunos días, por ejemplo, porque te vas de viaje: también te basta con el manual.

✳ Si el motivo es que debes reincorporarte al trabajo y quieres prolongar la lactancia materna: te conviene un sacaleches eléctrico doble.

✳ Si debes usarlo durante un período prolongado y muchas veces al día, por ejemplo porque tu hijo ha sido prematuro o está ingresado en el hospital: agradecerás tener un sacaleches eléctrico doble.

También puedes alquilar el sacaleches en una farmacia o tienda especializada, sobre todo si optas por usar el eléctrico, aunque para que te compense debes usarlo menos de un mes. Si el tiempo es mayor, te interesa más comprarlo.

Existen copas adaptables: por si las de tamaño estándar que lleva el aparato no se adaptan bien a tu pecho.

¿Cómo funciona un sacaleches?

Estos artefactos requieren un poco de práctica. Las primeras veces te costará un poco extraer la leche o ni siquiera lo conseguirá, sobre todo si usas un modelo manual. No desesperes. Cuanto más practiques, mejor te saldrá, como ocurre con otras muchas cosas. Así que lee los consejos siguientes y...¡ánimo!

✳ Escoge un lugar cómodo y confortable, donde nadie te moleste, especialmente las primeras veces.

✳ Lávate las manos a conciencia.

✳ Monta el sacaleches siguiendo las instrucciones del fabricante; no las tires.

✳ Comienza con succiones cortas, rápidas y suaves. Es normal que tarde unos minutos en empezar a salir leche. Paciencia.

✳ Puedes darte un masaje en el pecho, desde la periferia hacia el pezón, antes de ponerte el sacaleches en el pecho.

✳ Cuando empiecen a salir las primeras gotas de leche, la succión debe volverse más lenta.

✳ Mientras el sacaleches sigue succionando puedes masajearte el pecho, intentando vaciar las distintas zonas. Insiste en las zonas que estén más duras, porque es donde hay leche almacenada. Venden unos sujetadores especiales

que permiten sujetar el sacaleches al pecho y te deja las manos libres para poder masajearte.

✹ Cuando deje de salir leche, repite la operación con el otro pecho.

✹ Es posible que tras vaciar el segundo pecho, del primero vuelva a salir algo de leche; inténtalo y luego vuelve a probarlo con el segundo.

✹ Vierte la leche en un recipiente limpio y esterilizado. Anota la fecha y la hora de la extracción en una etiqueta y luego pégala en el recipiente; si puede ser utiliza un rotulador permanente, para que no se borren los datos accidentalmente.

 ### Algunas normas de conservación:

Si optas por utilizar un sacaleches y extraerte la leche, es importante que tengas en cuenta algunas normas básicas de conservación.

✹ La leche extraída puede conservarse en la nevera durante 48 horas y en el congelador hasta 6 meses.

✹ Debes etiquetar siempre la leche, para saber el día y la hora de la extracción y poder calcular hasta cuándo puedes utilizarla.

A TENER EN CUENTA:

★ El sacaleches no debe hacerte daño. Si notas dolor, disminuye la intensidad de la succión y recoloca el pezón de modo que quede centrado en el embudo. Si te sigue molestando prueba con una copa mayor.

✳ Una vez descongelada no puedes volverla a congelar.

✳ Si quedan restos, debes tirarlos.

✳ Descongela siempre primero la que lleve más tiempo en el congelador.

✳ Para descongelarla, métela en la nevera a 4°C la noche antes; así se descongelará poco a poco, que es lo mejor.

✳ Si se te ha olvidado sacarla del congelador, también puedes descongelarla poniéndola al baño maría.

✳ No la descongeles nunca en el microondas, porque se destruyen muchos de sus componentes y es más fácil que el niño se queme a causa de la temperatura de la leche.

✳ La leche puedes administrarla fría, a temperatura ambiente (que es la temperatura a la que sale del pecho) o a una temperatura máxima de 37°C.

✳ Una vez descongelada debe administrarse dentro de las 24 horas siguientes.

✳ Agita la leche antes de ofrecérsela al bebé, para que la grasa no se quede en el fondo.

✳ El bebé puede tomar la leche con una jeringa, a cucharaditas o con un biberón. Si todavía no has podido amamantarle, por ejemplo porque está en una incubadora, pero luego quieres darle el pecho, es mejor que no uses el biberón; así evitarás que luego rechace el pecho.

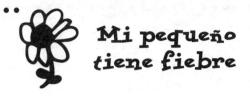

 ## ¿Qué es la fiebre?

El cuerpo mantiene una temperatura más o menos constante mediante un termorregulador que se encuentra en la parte del cerebro llamada hipotálamo. Dicha temperatura sufre pequeñas variaciones a lo largo del día, por ejemplo aumenta por la tarde y disminuye por la mañana, pero se mantiene entre los 36 y los 37°C la mayor parte del tiempo.

La fiebre, conocida también como calentura, es un aumento de la temperatura corporal interior por encima de lo que se considera normal, es decir, por encima de los 37,5°C. Los niños son más propensos a tener fiebre alta a causa de la inmadurez de su sistema inmunitario.

 ## Tipos de termómetro:

Para medir la temperatura corporal se utiliza un aparato llamado termómetro. Antes y después de cada uso es conveniente lavar el termómetro con agua y jabón, o con alcohol. Existen diversos tipos de termómetros.

✸ El de vidrio: es el más tradicional, el de toda la vida. Su principal ventaja es el precio. Cada vez se utiliza menos por el hecho de que contiene mercurio, un material que es altamente tóxico. Antes de usarlo debes sacudirlo bien y comprobar que el mercurio está por debajo de los 35°C.

✸ El digital: es electrónico, funciona con pilas y tienen una pantalla muy fácil de leer. Con él la medición es más rápida que con el de vidrio. Además, no conlleva ningún peligro para el niño.

✸ De oído o timpánico: Se llama así porque mide la temperatura en el oído. Resulta muy rápido porque obtiene la medición en tan solo un segundo. Se considera que es el más exacto. Su principal inconveniente es su precio elevado. No es fiable en niños menores de tres meses.

✸ De frente: son unas tiras de plástico desechables con unos cristales líquidos incrustados que reaccionan con la temperatura de la piel. Es un método

sencillo para saber si el pequeño tiene fiebre, ya que basta con colocar una tira sobre su frente y esperar a ver de qué color se pone. Sin embargo, no son demasiado exactas.

Métodos para tomar la temperatura:

En la axila: podemos usar tanto un termómetro de vidrio como uno digital. No es recomendable usar este método con niños muy pequeños porque es un poco lento y es muy probable que no se estén quietos el tiempo necesario, es decir, 4-5 minutos si usamos un termómetro de vidrio y 2-3 minutos si usamos uno digital. Con este método se considera que el niño tiene fiebre a partir de 37,5°C.

En la boca: es preferible que usemos uno digital, ya que el de vidrio contiene mercurio y si se rompiera accidentalmente en su boca resultaría altamente tó-

"Es conveniente tratar de bajar la fiebre puesto que, aparte de la incomodidad que conlleva, puede ser causante de otros problemas."

PEDRO MANUEL SUÁREZ ROJO,
LICENCIADO EN ENFERMERÍA

xico para el niño. Se coloca bajo la lengua y tarda unos 2-3 minutos en realizar la medición. Si el niño acaba de comer algo frío o caliente, debes esperar unos 10 minutos antes de tomarle la temperatura. Con este método se considera que el niño tiene fiebre a partir de 38°C.

En el recto: Es el método más fiable en niños de hasta 3 años. Llega un momento que el niño ya no admite este tipo de medición porque le resulta muy incómoda. Se aconseja usar un termómetro digital y no de vidrio, por si se rompiera. Para facilitar la operación, puedes poner un poco de vaselina en la punta del termómetro. Tumba al niño boca arriba, cógele por los tobillos y flexiónale las piernas sobre la barriga; luego introduce 1-1,5cm del termómetro en su ano. Con este método se considera que tiene fiebre a partir de 38°C.

En el oído: Es un método muy rápido ya que proporciona la medición en tan solo 1 segundo, pero su manejo es un poco más complicado. Si el niño acaba de llegar de la calle o ha tenido el oído apoyado en una almohada caliente, debes espera unos 10-15 minutos antes de tomarle la temperatura. Con este método se considera que tiene fiebre a partir de 38°C.

 ## ¿Cómo le bajo la fiebre?

✳ Si el niño va muy abrigado, quítale algo de ropa o vístele con prendas livianas de algodón. No le abrigues más ya que con ello solo conseguirás que la fiebre aumente.

✳ Refréscale la nuca y la frente con un paño mojado con agua tibia. También le puedes poner los paños en las axilas, las muñecas o las ingles.

✳ Si la fiebre es superior a 38°C, puedes administrarle el antipirético que te haya recetado el médico (ibuprofeno o paracetamol). Dale la dosis que te haya recomendado el médico o mira el prospecto y calcula la dosis teniendo en cuenta el peso del niño.

✳ Ofrécele mucho líquido.

✳ Déjale descansar.

✳ Prueba a darle un baño con agua templada; el agua no debe estar fría.

A TENER EN CUENTA:

★ Entre 37 y 37,5°C se considera solo febrícula y no hace falta administrarle ningún medicamento.

¿Debo llevarle a urgencias si tiene fiebre?

✹ Los niños que tienen menos de un mes y medio no suelen tener fiebre y si la tiene debes llevarlo a urgencias en seguida para que le realicen un reconocimiento completo: análisis de orina, análisis de sangre, radiografía de los pulmones, etc.

✹ Si el niño tiene más de tres meses puedes esperar hasta 48 horas antes de llevarle al médico, siempre que tolere bien dicha fiebre, es decir, que respire bien, que no pierda el apetito y que duerma de la forma habitual. Muchas veces la fiebre desaparece espontáneamente en menos de 48 horas, por ejemplo, si la causa es la dentición o alguna afección viral leve. Si la fiebre no remite o aparecen otros síntomas preocupantes, llévale al médico.

✹ Si la fiebre es superior a 39°C y dura más de 24 horas también debes llevarlo al médico o a un centro de urgencias.

¡A mi niño le han salido ronchas por todo el cuerpo!

Una alergia es una reacción anormal y exagerada del sistema inmune ante determinadas sustancias ajenas al organismo, que se denominan alérgenos. Las reacciones alérgicas se producen cuando el cuerpo cree que una sustancia es nociva cuando en realidad no lo es, o sea, cuando el cuerpo reacciona de forma defensiva ante un ataque que en realidad no existe.

Síntomas más comunes:

Cutáneos: eczema, urticaria, sarpullidos y edemas.
Bucales: aftas bucales, edema labial y lingual.
Digestivos: vómitos, diarrea, dolor abdominal y enteropatías.
Respiratorios: asma y tos espasmódica.
Shok anafiláctico: en casos graves, cuando la alergia afecta simultáneamente a varios órganos.
Otros: jaquecas y dolores de cabeza.

Principales alérgenos alimentarios:

Leche de vaca: esta alergia suele manifestarse durante el destete y desaparece con el paso del tiempo. Los síntomas suelen ser vómitos, diarrea y sarpullidos o eczema. Tu pediatra le hará las pruebas pertinentes y si salen positivas te recomendará una leche especial para niños con intolerancia a las proteínas de la leche de vaca. Deberás suprimir de su dieta todos los lácteos: yogures, queso, mantequilla, etc.

Gluten: la intolerancia al gluten o enfermedad celíaca afecta a 1 de cada 2.000 niños. El principal síntoma es la diarrea crónica; los niños que la sufren suelen tener el estómago hinchado y aumentan poco de peso. Deberás excluir todos los alimentos que lleven gluten, es decir, todos los alimentos que lleven centeno, trigo, cebada o avena, como son la pasta, el pan, las galletas, los ce-

reales del desayuno, etc, y sustituirlos por variedades que no contengan gluten (cada vez son más fáciles de encontrar).

Huevos de gallina: normalmente la parte que provoca la alergia es la clara. Debes tener presente que, además de estar presente en muchos productos alimenticios, se usa también en ciertas vacunas, como la de las paperas, la de la gripe, etc. Entre los síntomas más frecuentes están el asma, el eczema y los sarpullidos. Para que la cantidad de proteínas que consume el niño no disminuya, deberás sustituir los huevos por carne, pescado, legumbres y cereales.

Frutos secos: se usan mucho en la industria alimentaria, tanto en su forma original como en forma de aceite, de modo que deberás comprobar las etiquetas de los productos que compres para ver si incluye algún fruto seco en su composición. Provoca sarpullidos, eczemas o edemas.

"La predisposición al desarrollo de determinadas reacciones alérgicas tiene un componente hereditario importante."

JAIME ROYO CABAÑERO,
ESPECIALISTA EN ALERGOLOGÍA E INMUNOLOGÍA CLÍNICA

Pescado: debes evitar tanto el pescado azul y blanco, como los alimentos cocinados con sustancias o caldos de pescado, como son las sopas, la paella marinera, las barritas de pescado, etc. Suele provocar asma e urticaria.

 ### Algunos consejos prácticos:

✹ Introduce los alimentos nuevos de uno en uno, para poder observar la reacción de tu hijo y detectar cualquier cosa inusual.

✹ Evita los alimentos alergénicos hasta que no tenga almenos un año de vida.

✹ Si existen antecedentes de alergias en la familia, no introduzcas los alimentos sólidos en su dieta hasta que tenga unos 6-7 meses.

✹ Ante cualquier duda, habla con tu médico.

¿Existe algún tratamiento?

Ninguna alergia alimentaria tiene cura. Algunas desaparecen por sí solas, como en el caso de la leche de vaca, pero si no el único tratamiento realmente efectivo frente a una alergia alimentaria consiste en evitar dicho alimento.

A TENER EN CUENTA:

★ Si tu hijo padece alguna alergia alimentaria, debes avisar en seguida al colegio y a las familias de tu entorno. En cuanto sea un poco más mayor, explícaselo y enséñale a contarlo cuando le ofrezcan algo de comida.

¿Cómo consigo que se tome el jarabe?

Cuando el médico recete alguna medicina a tu hijo es muy importante que sigas todas sus indicaciones al pie de la letra. Debe quedarte muy claro qué cantidad debes suministrarle, cada cuánto tiempo, cuál es el mejor momento para dársela, cómo debes administrársela, qué efecto va a tener en el niño, etc. Intenta no salir de la consulta con dudas. Así conseguirás que tu hijo se beneficie terapéuticamente de la medicina y evitarás los posibles efectos adversos. Y en cuanto tu hijo sea un poco más mayor explícale qué son las medicinas, para qué sirven y por qué debe tomarlas; cuéntale también los riesgos de no tomar correctamente los medicamentos.

"En los niños con dificultades para deglutir, puedes aplastar los comprimidos y mezclarlos con agua o zumo. No debemos forzar al niño que se resiste activamente por riesgo de aspiración; posponer durante 20-30 minutos y ofrecer de nuevo la medicación."

ANTONIA MARTÍN PERDIZ, ENFERMERA PEDIÁTRICA

 ## ¿Cómo debo administrarle las medicinas?

Cuando llevas a tu hijo al médico sueles salir más tranquila. Ya sabe lo que le pasa y qué medicina debes darle para que sane. Pero entonces llegas a casa, tras pasar por la farmacia, y todo vuelve a complicarse. Es posible que no sepas cómo administrarle la medicina, o que el bebé no colabore y la rechace, o que no se esté quieto y te haga perder los nervios. Intenta mantener la calma y piensa que la reacción de tu pequeño es perfectamente normal.

A continuación encontrarás algunas indicaciones e ideas que pueden resultarte muy útiles.

Jarabe oral: Coloca al bebé en posición semisentada, para que le resulte más fácil tragar. Puedes usar una cucharita, pero mientras sea pequeño te resultará más práctico administrárselo con una jeringuilla. Dáselo poco a poco, para que pueda tragarlo sin atragantarse. Si no le gusta como sabe, prueba a dárselo bien frío; así el sabor se nota menos.

Siempre que sea posible dáselo antes de comer; si el bebé está hambriento, abrirá la boca y se mostrará más colaborador.

En caso de fiebre, es mejor darle un jarabe que ponerle un supositorio, ya que la absorción vía estomacal resulta más eficaz.

En las tiendas especializadas venden unos chupetes dosificadores que están especialmente pensados para administrar medicamentos en forma de jarabe. Llevan un depósito donde se coloca la medicina y luego se deja que el niño lo chupe y se la vaya tragando sin apenas darse cuenta. Si tu hijo es de los que rechazan sistemáticamente los medicamentos, te aconsejo que te hagas con uno de estos chupetes y lo pruebes.

Colirios: Espera a que el niño esté más o menos tranquilo. Límpiale bien los ojos con una gasa y un poco de suero fisiológico; utiliza una gasa distinta para cada ojo, para evitar contagios.

Sujétale el ojo abierto con el índice y el pulgar y échale la gota en la parte blan-

y

w

b

d

f

h

j

n

p

r

t

¿Cómo consigo que
se tome el jarabe?
Susan Benjamin

A TENER EN CUENTA:

★ Deja siempre los medicamentos fuera del alcance de los niños.

ca, que es menos sensible que el iris. Si el niño no deja de parpadear o se muestra poco colaborador, ladéale un poco la cabeza hacia abajo y échale la gota en el extremo interior del ojo: la gota se deslizará sola por el ojo. Luego ciérraselo unos segundos con los dedos, para que el ojo se impregne bien.

Supositorios: la mayoría de la gente los pone de forma incorrecta porque decide que la parte puntiaguda es la que debe introducirse primero. La forma ojival del supositorio se adapta perfectamente a la forma del recto, de modo que debes introducirlo con la parte puntiaguda mirando hacia fuera. Coloca al niño boca arriba, cógele por los tobillos y flexiona sus piernas sobre el estómago; si quieres puedes untar la parte ojival con un poco de vaselina, para que se deslice más fácilmente. Una vez dentro el supositorio, júntale las nalgas durante unos segundos, para evitar que lo expulse.

Broncodilatadores: cuando un niño tiene bronquiolitis, el médico suele recetarle broncodilatadores e incluso corticoides. Para administrárselos a tu bebé debes comprar en la farma-

cia una cámara de inhalación con válvula y mascarilla. Coloca al bebé semi-sentado sobre tus rodillas, coloca el nebulizador en el extremo correspondiente de la cámara y la mascarilla sobre la cara del peque, de forma que tape la boca y la nariz. No te preocupes si llora desconsoladamente. Limítate a seguir las instrucciones del médico; ya tendrás tiempo de consolarle después. No olvides que aunque resulte un poco desagradable, lo estás haciendo para que se cure.

Mi hija no quiere el biberón

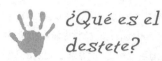 ### ¿Qué es el destete?

Se llama destete a la sustitución gradual y progresiva de la leche materna por otros alimentos. Este proceso se completa cuando la leche materna desaparece por completo de la dieta del niño, que pasa a ser como la del resto de la familia o parecida. Para el niño es una etapa de cambio, un proceso de adaptación no solo desde el punto de vista nutricional, sino también emocional y social. Por eso es importante entenderlo y hacerlo de la forma más natural y placentera posible. Tanto para el niño como para la madre.

¿Cuál es el mejor momento?

La Organización Mundial de la Salud aconseja que los bebés se alimenten exclusivamente con leche materna durante los seis primeros meses de vida y que

> *"El destete debe ser un proceso gradual y paulatino, y debe llevarse a cabo respetando los tiempos de la mamá y el bebé."*
>
> MARÍA PAULA CABAÑA, LICENCIADA EN PSICOLOGÍA

a partir de esa edad se vayan introduciendo los nuevos alimentos poco a poco, sin necesidad de suprimir el pecho si no se desea.

La leche materna es un producto único y especial para alimentar a bebés. Su calidad no se resiente con el tiempo; aunque el bebé sea mayor, la leche de su madre sigue proporcionándole alimentos y defensas. Nuestros abuelos solían tomar leche materna hasta alrededor de los dos años, pero actualmente la mayoría de madres dejan de amamantar a sus hijos antes, entre los 4 y los 7 meses de edad. Los motivos de este cambio son muchos y muy variados: en muchos casos, la mayoría, la madre debe reincorporarse al trabajo, en otros siente que es el momento apropiado para iniciar una nueva etapa, en otros simplemente está cansada o demasiado estresada como para seguir con la lactancia. Sea cual sea la razón, debes tener claro que en principio eres tú la que debe decidir. El único que también tiene derecho a opinar es el niño; de hecho a veces es él el que decide que ha llegado el momento de iniciar el destete: pierde interés por el pecho, se distrae y empieza a mostrar preferencia por otros alimentos.

 ## ¿Qué ha cambiado?

Alrededor de los seis o siete meses:

● Su aparato digestivo ya ha madurado: digiere mejor, sus glándulas digestivas funcionan mejor y su intestino es capaz de impedir la entrada a sustancias irritantes.
● Otros órganos, como el hígado y los riñones, funcionan también mejor.
● Ya ha aprendido a abrir la boca y a dejar que la cuchara entre sin expulsarla con la lengua.
● Puede mantenerse sentado.
● Abre la boca cuando tiene hambre y la cierra cuando está saciado.
● Necesita otros nutrientes para seguir desarrollándose con normalidad: más calorías y proteínas totales, y más hierro.

Método de destete:

Si el motivo del destete es que tienes que reincorporarte a tu lugar de trabajo, te aconsejo que empieces a dejar la lactancia materna como mínimo quince días antes del día señalado. Las prisas y los nervios no son nada aconsejables. El destete debe hacerse de forma gradual y poco a poco, para que el niño tenga tiempo de adaptarse y tu producción de leche también. A continuación encontrarás algunas pistas para conseguir que el destete sea un éxito:

Empieza a acortar la duración de una de las mamadas, por ejemplo, la de media mañana: si el niño está nueve minutos en la teta, déjale solo ocho, luego siete, luego seis, y así progresivamente. Luego ofrécele un poco de leche de fórmula, con el biberón o a cucharaditas.

Sustituye definitivamente la toma de media mañana por un biberón de leche de fórmula o por otro alimento. De postre ofrécele unos minutos de pecho.

Sustituye otra de las tomas por un biberón u otro alimento, por ejemplo la de media tarde. Sigue el mismo método que en el paso anterior. De postre ofrécele un poco de pecho.

Sigue así hasta que queden solo la primera toma de la mañana y la toma de antes de acostarse por la noche. Luego, poco a poco, suprime la leche que le ofreces de "postre". Si te apetece, y tu trabajo lo permite, puedes seguir con estas dos tomas durante algunos meses más. Cuando lo desees, elimina la toma de la mañana siguiendo el método anterior y finalmente la de la noche.

Algunas informaciones a tener en cuenta:

☀ Es muy importante que realices el destete de forma gradual, para que la producción de leche vaya disminuyendo poco a poco y acabe agotándose sin provocar problemas y sin que queden restos de leche enquistados en las mamas.

☀ Si el bebé sigue buscando el pecho y rechaza el biberón, es mejor que le dé de comer otra persona, al menos las primeras veces. Si se la das tú percibirá

el olor a leche que emana de tus pechos y se pondrá más nervioso.

✹ Si cuando te saltas una toma se te ponen los pechos muy duros, como si estuvieran a punto de reventar, date una ducha de agua caliente y presiónalos suavemente para que se vacíen un poco. O coloca un paño caliente sobre tus pechos. No debes ofrecerle el pecho al niño ni extraerte la leche con un sacaleches, ya que lo único que conseguirás es aumentar la producción de leche. Si aguantas un poco ellos solos se estabilizarán y ajustarán la producción a las nuevas necesidades del bebé. Y lo harán más rápidamente de lo que piensas. Aprenderán, por ejemplo, que solo tienen que producir leche por la mañana a eso de las ocho y por la noche a eso de las diez. (¿A qué es alucinante?)

✹ Durante el destete debes mostrarte muy cariñosa con tu pequeño, para que entienda que aunque le quites el pecho no vas a dejar de quererle y de estar con él, que vas a seguir estando allí pero de otra manera.

✹ Si no quiere biberón, pasa directamente a la cuchara, el plato y el vaso adaptado.

✹ Si tú lo haces convencida, el bebé se adaptará mucho más rápidamente.

A TENER EN CUENTA:

★ Debes planificar el destete con tiempo, porque no es una ciencia exacta y puede llevarte más tiempo del que piensas. De todos modos, y en general, lo pasa peor la madre que el niño.

Mi hijo no para de babear

 ¿Qué es la dentición?

La dentición no es más que la aparición de los primeros dientes del bebé, los llamados dientes de leche, que van rompiendo la encía y mostrándose de uno en uno hasta llegar a la veintena (10 arriba y 10 abajo) hacia los tres años de edad. El primer diente suele aparecer entre los tres meses y el año. Pero los primeros signos de la dentición pueden manifestarse mucho antes. A veces pasan hasta dos meses entre el primer empuje dental y la aparición propiamente dicha del primer diente. La dentición puede ser una época muy frustrante tanto para el niño como para los padres. En este sentido, te ayudará saber lo que va a ocurrir y qué puedes hacer para que el proceso resulte menos doloroso para tu hijo.

"A los niños pueden salirles dientes de más. Se llaman dientes supernumerarios, predominan en los incisivos inferiores, se parecen a los dientes que figuran a su lado y rara vez dan problemas."

CARMEN CHÁVEZ, PEDIATRA
ROSANA MEDINA, ODONTÓLOGA

Síntomas más habituales:

- Necesidad de morder algo.
- Mejillas rojas.
- Encías inflamadas.
- Babas abundantes.
- Piel de alrededor de la boca irritada.
- Un poco de fiebre.
- Nalgas enrojecidas e irritadas, casi con heridas.
- Heces líquidas e irritantes.
- Mucosidad abundante y tos: al niño le bajan las defensas y es más sensible a las agresiones externas.
- Inapetencia.
- Alteraciones del sueño: la toma de paracetamol debería bastar para garantizar una noche tranquila.
- Llanto.
- Malestar e irritabilidad.

¿Qué puedo hacer para aliviar los síntomas?

✳ Aplícale una crema al agua en las nalgas, para bajarle la irritación.

✳ Dale paracetamol: para aliviar la fiebre y el dolor.

✳ Frótale las encías: lávate las manos, ponte un poco de bálsamo o crema específica para la dentición en un dedo y masajéale las encías con cuidado.

✳ Ofrécele un mordedor: los que se meten en la nevera para que estén fríos resultan muy apropiados; sácalo un poco antes de la nevera para que no esté excesivamente duro. También puedes usar un paño mojado y frío.

✳ Límpiale el exceso de babas con un pañito limpio, para evitar que se le irrite la piel de alrededor.

✳ Mímale y consuélale: la dentición resulta muy dolorosa para algunos niños.

A TENER EN CUENTA:

★ Para algunos niños la dentición resulta terriblemente dolorosa, mientras que para otros es un proceso que solo les provoca algunas molestias leves.

¿Qué dientes aparecen primero?

Puede haber grandes diferencias entre un niño y otro, de modo que las edades que aparecen son meramente orientativas. Para que puedas hacerte una idea te diré que a mi primera hija le empezaron a salir los dientes a los cinco meses, mientras que a mi hijo menor el primer diente no le salió hasta que cumplió un año. También hay niños que nacen con algún diente o que echan su primer diente a las pocas semanas de vida. Lo normal sin embargo, suele ser lo siguiente:

✸ Los primeros dientes que aparecen suelen ser los dos dientes frontales inferiores, también conocidos como incisivos frontales inferiores (entre los 6 y los 9 meses).

✸ Unas 4-8 semanas después aparecen los cuatro dientes frontales superiores o incisivos frontales y laterales superiores (entre los 9 y los 11 meses).

✸ Aproximadamente un mes más tarde salen los incisivos laterales inferiores, a un lado y otro de los frontales inferiores (entre los 12 y los 14 meses).

✳ Luego aparecen los primeros molares, o sea, las primeras muelas que hay al final de la boca y que usamos para masticar los alimentos (entre los 14 y los 16 meses).

✳ Algún tiempo después salen los colmillos, los dientes puntiagudos (entre los 17 y los 19 meses).

✳ Finalmente aparecen los segundos molares (entre los 24 y los 26 meses0).

✳ Alrededor de los tres años la mayoría de los niños tienen los veinte dientes de leche.

¿Es normal que le cueste orinar?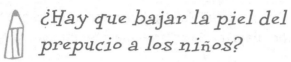

¿Hay que bajar la piel del prepucio a los niños?

Antes del año no tenemos por qué tocar el pene de los niños para nada. Su piel es tan fina y sensible que si la tocas puedes hacer que sangre y provocarle un gran dolor. En muchos casos parece que la piel que recubre el glande está demasiado cerrada. Comprueba si el chorro de orina sale sin dificultad; si es así, olvídate. Si parece que le cuesta salir, coméntaselo a tu pediatra. De todas maneras es demasiado pequeño para poder hacer nada y deberás esperar un poco más.

"La fimosis puede mantenerse durante toda la vida sin causar problema alguno. Es una decisión voluntaria el someterse o no a esta operación. Generalmente, si surge algún problema, lo hace tras la pubertad."

LUIS MIGUEL CLEMENTE RAMOS,
ESPECIALISTA EN UROLOGÍA

¿Debo limpiarle el pene?

A veces los niños tienen unas manchas blancas entre el glande y el prepucio, y los padres no saben muy bien qué hacer con ellas. No debes preocuparte; no se trata de una infección ni es consecuencia de una mala higiene. Tú limítate a limpiar el exterior del pene. Las manchas desaparecerán por sí solas a su debido tiempo.

¿Qué es la fimosis?

La fimosis es un problema bastante frecuente que consiste en el estrechamiento del extremo del prepucio, es decir, de la piel que recubre el glande, que impide que este pueda retraerse con normalidad. Este trastorno suele generar muchas dudas en los padres. Un gran número de niños nace con ella y en la gran mayoría de los casos suele resolverse por sí sola o con un poco de ayuda. No debes confundir la fimosis con las adherencias, es decir, con unas uniones que existen entre la mucosa del prepucio y la mucosa del glande y que tienen muchos niños durante los primeros meses. Estas adherencias pueden estar asociadas a la fimosis o no. Si se presentan sin que exista fimosis no requieren ningún tratamiento.

¿Debo operar a mi hijo en seguida?

La frecuencia de la fimosis va disminuyendo con la edad del niño. La tienen la mayoría de recién nacidos; un 80% de los niños menores de 6 meses; un 10 % de los niños menores de 3 años; y solo un 1-2% de los chicos de 16 años. En la mayoría de los casos, pues, se trata de una fimosis fisiológica que se resuelve por sí sola con el paso de los años. Si el problema parece no resolverse, alrededor de los tres años el médico te aconsejará un tratamiento que consiste en

aplicar una crema con corticoides en la zona durante 1-2 meses. Este tratamiento resuelve el problema en el 75% de los casos. Si tras probar el tratamiento el problema persiste, tu pediatra te remitirá al cirujano infantil o al urólogo. La edad más indicada para realizar la intervención es entre los 3 y los 5 años. Solo debes recurrir a la cirugía cuando alrededor de los tres años:

✳ El niño ha probado el tratamiento a base de cremas con corticoides y sigue teniendo problemas para retraer el prepucio.

✳ Al niño le cuesta miccionar, es decir, hacer pipí.

✳ Al niño se le produce un abultamiento en el prepucio por acumulación de orina.

✳ El niño sufre infecciones de orina recurrentes.

¿Cómo debo realizar el tratamiento a base de corticoides?

Durante un mes o dos debes repetir la operación siguiente.

Todos los días, tras el baño, retira todo lo que puedas la piel que recubre el glande, aplica un poco de la crema prescrita en la zona y vuelve a bajar la piel. Deja que la crema actúe durante la noche. Intenta bajar cada día un poco más la piel, con suavidad. El momento ideal es después del baño porque la piel está especialmente flexible.

Transcurrido ese tiempo llévale al pediatra para que compruebe si se ha producido un avance significativo.

Mi pequeño tiene los testículos muy grandes:

Los testículos se forman en el interior del abdomen y, al final del embarazo, descienden hasta el escroto. Después, la apertura que hay entre el escroto y la cavidad abdominal se cierra. Entre los principales trastornos de los testículos cabe destacar:

✳ Hidrocele: Al nacer muchos bebés tiene los testículos recubiertos por un líquido que desaparece espontáneamente pasados unos días; eso hace que parezcan más grandes de lo normal.

✳ Criptorquidia: Es la ausencia de uno o ambos testículos; ocurre cuando se quedan a medio camino y no bajan hasta el escroto. Este problema suele solucionarse con cirugía cuando el niño es un poco mayor.

✳ Hernia inguinal: a veces la apertura que hay entre la cavidad abdominal y el escroto se cierra incorrectamente y una parte de los intestinos baja al escroto y forma, cerca del ano, una pequeña bola. Dicha bola puede aparecer y desparecer con los movimientos del vientre o los llantos del bebé. Se soluciona con cirugía.

A TENER EN CUENTA:

★ Salvo en casos muy graves, hay que esperar a los tres años para ver si el niño tiene realmente fimosis. Relájate y sigue los consejos de tu pediatra.

¿Qué hago si le cuesta respirar?

Los tres o cuatro primeros años de vida los resfriados suelen ser bastante frecuentes, sobre todo durante los meses invernales y en los cambios de estación. Un niño menor de cuatro años se resfría entre 6 y 8 veces al año, es decir, mucho más que un adulto. Por regla general estos resfriados no revisten gravedad, ni siquiera cuando las secreciones nasales son espesas o se vuelven amarillentas tirando a verdosas, ya que todo ello suele formar parte de la evolución normal del resfriado. El niño se resfría porque su sistema inmunológico es todavía muy débil. Y como todavía no sabe respirar por la boca ni sonarse, necesita nuestra ayuda.

 ## Casos en los que debemos consultar al pediatra:

Si el bebé respira mal: si al niño le cuesta respirar, es decir, si al observar su tórax desnudo notamos que con cada inspiración se le marcan muy claramente las costillas; o su respiración va acompañada de algún silbido o ruido extraño.

Si empieza a toser: el resfriado podría derivar en una bronquiolitis.

Si tiene más de 37,5°C: durante más de 24 horas seguidas y el niño tiene menos de tres meses.

Si tiene más de 38°C: durante más de 48 horas seguidas y el niño tiene más de tres meses.

> "Durante el primer mes de vida los principales problemas son los respiratorios, debido a una mala adaptación pulmonar."
>
> DENSE CRESPO, PEDIATRA Y NEONATÓLOGA

Si está de mal humor e irritable: hay que detectar la fuente de la molestia.

Si duerme mal: es decir, si duerme peor que de normal, se despierta más de lo habitual, le cuesta más conciliar el sueño, etc.

Si se muestra inapetente: come menos de 2/3 de lo que suele comer habitualmente.

Si vomita varias veces: podría deshidratarse.

¿Qué pasa si tiene la nariz taponada?

Los adultos cuando tenemos la nariz taponada abrimos la boca y respiramos a través de ella. Pero en el caso de los bebés es un poco más complicado. Hasta los tres meses no tienen el reflejo de abrir la boca, de modo que si están cargados lo que hacen es ponerse a respirar rápido para evitar tener problemas en los bronquios o en los pulmones. Como tampoco saben sonarse lo que hacen es estornudar y así intentar expulsar la mucosidad molesta. Por eso es tan importante que mantengas su nariz limpia y libre de mucosidad.

La limpieza nasal paso a paso:

Cuando no esté resfriado:

Tumba al bebé boca arriba.

Coge un trozo de algodón y haz una especie de canutillo.

Imprégnalo de suero fisiológico.

Límpiale con cuidado las fosas nasales: primero una y luego la otra. Usa canutillos distintos para cada fosa nasal.

Cuando esté resfriado:

Tumba al bebé de lado, acostado sobre el lado izquierdo.

Coge una botellita monodosis de suero fisiológico y échale un chorro en la fosa nasal derecha. También puedes utilizar un nebulizador con agua marina especial para bebés.

A TENER EN CUENTA:

★ El suero fisiológico puede ser un gran aliado, de modo que ten siempre a mano una caja con botellitas monodosis.

Incorpóralo un poco y sécale la nariz y la cara.

Vuelve a tumbarlo y con un aspirador nasal aspira la mucosidad que haya quedado dentro del orificio nasal.

Déjale descansar unos segundos, para que se recupere del disgusto.

Túmbale sobre el costado derecho y échale un chorro de suero en la fosa nasal izquierda.

Incorpóralo y sécalo bien.

Vuelve a tumbarlo y aspira los restos de mucosidad con el aspirador nasal.

No olvides lavar bien con agua y jabón el aspirador nasal y la boquilla del nebulizador en caso de que lo uses. Si el bebé es muy pequeño, esterilízalos a diario; si no, cada quince días.

Debes repetir esta operación varias veces al día:

Por la mañana: para limpiarle bien la nariz después de toda la noche.

Antes de cada comida: para que pueda tragar sin ahogarse. De lo contrario comerá mal.

Antes de acostarlo por la noche: para que pueda conciliar el sueño con normalidad.

Si mantienes su nariz limpia reducirás las probabilidades de que contraiga una bronquiolitis y le harás la vida mucho más agradable.

Mi pequeño tiene la boca llena de manchas blancas

¿Qué es el muguet?

El muguet o candidiasis bucal es una infección de la boca causada por un hongo llamado Candida albicans. Aproximadamente 1 de cada 3 niños menores de seis meses contraen esta infección. En principio es inocua, aunque puede resultar molesta para el bebé porque produce escozor y dolor en la zona. En los casos leves suele desaparecer por sí sola a los pocos días. En casos más graves necesita tratamiento y puede resultar muy contagiosa, rebelde y difícil de combatir.

¿Cómo se contrae?

✹ Este hongo puede encontrarse en la vagina de la madre: en ese caso el recién nacido puede contagiarse al pasar por la vagina durante el parto. El hongo se manifiesta normalmente a los 7-10 días del nacimiento.

✹ El hongo puede encontrarse asimismo en el intestino de la madre: en ese caso el niño puede contagiarse tomando el pecho.

✹ A través de los objetos que el niño se lleva a la boca, como por ejemplo el chupete: si están contaminados.

✹ Los niños un poco más mayorcitos pueden contraerlo después de tomar antibióticos: alteran la flora bacteriana de la boca y favorecen la aparición del hongo.

✹ A causa de una higiene oral deficiente.

Síntomas del muguet:

✹ Aparición de manchas blancas dentro de la boca: en la lengua, la cara interna de las mejillas, el paladar, detrás de los labios y de la comisura de estos. Parecen manchas de leche cortada o yogur, por eso a veces pasan inadverti-

Mi pequeño tiene la boca
llena de manchas blancas
Susan Benjamin

> "Si existen dudas, el médico puede efectuar un raspado de las lesiones y así obtner una muestra, con la finalidad de realizar un análisis de la misma y determinar si hay hongos o no."

BERNARDO ROCA VILLANUEVA,
ESPECIALISTA EN MEDICINA INTERNA

das. Si las intentas quitar pueden sangrar y puede producirse una leve inflamación de la zona.

✴ A veces aparecen simultáneamente unas manchas rojizas o unos puntitos blancos en la zona del pañal: el mismo hongo ha provocado una dermatitis al extenderse hasta el intestino y ser eliminado con las heces.

✴ Escozor y dolor en la zona.

✴ El niño se muestra inapetente.

✴ El niño está inquieto y molesto.

✴ Si se extiende hasta la faringe, algo que solo ocurre en casos graves, puede impedir la deglución y causar afonía en el niño.

¿Cómo sabré si se trata de muguet?

Si las manchas blancas aparecen solo en la lengua y se desprenden con facilidad, lo más probable es que sean restos de leche. Seguramente se trate de una simple regurgitación que se te ha pasado por alto. De todos modos puedes hacer la prueba siguiente para quedarte tranquila. Coge una gasa estéril, humedécela con agua templada previamente hervida y pásala por la zona. Si los puntitos desaparecen es que al niño no le pasa nada; si no desaparecen lo más posible es que se trate de muguet.

 ## Tratamiento del muguet:

Si piensas que tu pequeño tiene muguet, debes visitar al pediatra para que lo confirme y te recete el tratamiento adecuado, que será algo así:
✴ Aplica directamente sobre las manchas de la boca un medicamento fungicida (nistatina o miconazol), frotando suavemente. Aplícalo con una gasa o un bastoncito de los que tienen un algodoncito en el extremo.
✴ Disuelve una cucharadita de bicar-

A TENER EN CUENTA:

★ Aunque las manchas blancas desaparezcan debes seguir con el tratamiento hasta el final; de lo contrario las manchas volverán a aparecer y cada vez te costará más eliminarlas.

181

Mi pequeño tiene la boca
llena de manchas blancas
Susan Benjamin

bonato en una taza de agua templada previamente hervida. Limpia las manchas con dicha solución, para evitar que se infecten. Moja una gasa estéril en la solución, envuélvete el dedo con ella y da ligeros toques en la zona afectada. Repítelo tres o cuatro veces al día, hasta que las manchas desaparezcan por completo. Lo ideal es hacerlo media hora antes de la toma o inmediatamente después de esta.

☀ Desinfecta las cosas que se lleva a la boca, como el chupete, la tetina (si toma biberón), etc. Sumérgelas en agua hirviendo durante 15 minutos. Luego déjalas en remojo en la solución de agua y bicarbonato.

☀ Si tu bebé todavía toma el pecho, debes lavarte bien el pezón y aplicar luego o bien una crema de nistatina o bien un poco de la solución hecha con agua y bicarbonato.

☀ Si el niño tiene lesiones o puntitos blancos en la zona del pañal, debes aplicar una crema fungicida específica en la zona. Tu pediatra te indicará cuál es la más indicada.

¡Se me ha derramado el café sobre la pierna del bebé!

Las quemaduras son lesiones causadas por la acción directa del calor sobre los tejidos o las mucosas. Pueden causarlas el fuego, los líquidos calientes o en ebullición, los aparatos eléctricos o determinadas sustancias químicas. En el caso de los bebés, la mayoría de quemaduras son evitables, porque se producen en casa y son el resultado de alguna imprudencia o accidente.

Tipos de quemaduras:

Según sea la gravedad de las quemaduras, se distinguen tres tipos:

Quemaduras de primer grado: son superficiales, es decir, afectan solo a las capas más externas de la piel. Causan enrojecimiento, ardor y ligera inflamación de la piel y dolor localizado en la zona afectada.
Estas quemaduras normalmente son el resultado de una exposición prolongado al sol o de un breve contacto con un objeto caliente.

Quemaduras de segundo grado: hacen que la piel se levante y se formen ampollas. Las ampollas contienen un líquido amarillento que procede de los vasos sanguíneos lesionados.
Este tipo de quemaduras suelen producirse por el contacto prolongado con objetos calientes, tales como planchas, estufas, etc., o por el contacto de mediana duración con líquidos en ebullición y agentes químicos en concentraciones no demasiado altas.

Quemaduras de tercer grado: Suelen tener un aspecto blanquecino o chamuscado. Provocan lesiones graves ya que pueden alcanzar los músculos, los nervios y los huesos. Causan llagas abiertas y pérdida de sensibilidad. Dejan cicatrices permanentes.
Se producen por el contacto con grandes cantidades de líquidos en ebullición o de sustancias químicas, o por un contacto prolongado de la piel con el fuego.

¡Se me ha derramado el café
sobre la pierna del bebé!
Susan Benjamin

 ## Cómo actuar ante una quemadura:

Lo primero que debes hacer es retirar al niño de aquello que le provoca la quemadura y observar la lesión para determinar si se trata de una quemadura de primer, segundo o tercer grado:

Si es de primer grado:
● Lava la zona con agua fría, que esté alrededor de los 22°C: para enfriar la zona y evitar que el calor se propague y dañe capas más profundas de la piel.
● Aplica una pomada antiinflamatoria: solo si es de primer grado y afecta a una zona pequeña.
● Ofrece líquido al niño.

> "La gravedad de las quemaduras depende de la fuente de calor y el tiempo de exposición. Las quemaduras eléctricas, a pesar de que inicialmente pueden tener un aspecto poco importante, afectan siempre estructuras profundas."
>
> JAVIER MAYOL GÓMEZ, CIRUJANO PEDIÁTRICO

● Dale ibuprofeno o paracetamol si se queja de dolor.

● No pongas hielo sobre la herida ni le eches agua helada.

● No apliques aceite, ni mantequilla, ni ungüentos grasos en la zona afectada.

Si es de segundo grado:

● Lava la zona con agua fría o templada: para refrescar la zona.

● Protege la zona con una venda ligera que no le apriete ni se pegue.

● Ofrece al niño mucho líquido: para que no se deshidrate.

● No revientes las ampollas: podrían infectarse.

● No apliques en la zona ni pomadas antiinflamatorias, ni ungüentos grasos, ni mantequilla, ni aceite, ni desinfectante.

● No pongas hielo o agua helada sobre la herida.

● Llévale al pediatra o al hospital: para que hagan una valoración de la herida y decidan cuál es el mejor tratamiento.

Si es de tercer grado:

● Llévale de inmediato al hospital, al servicio de urgencias. Necesita atención inmediata.

A TENER EN CUENTA:

★ Las quemaduras eléctricas en manos, boca o genitales, y las causadas por productos químicos, requieren atención médica inmediata.

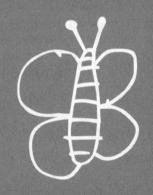

¡Se me ha derramado el café
sobre la pierna del bebé!
Susan Benjamin

Algunas precauciones que debes tomar:

✳ No tomes nunca una bebida caliente mientras le amamantas o le das el biberón, ni cuando le tienes en brazos.

✳ Tampoco dejes nunca una bebida caliente cerca de él: la podría derramar accidentalmente de un manotazo o una patada.

✳ No lo tengas en brazos mientras cocinas o mientras planchas.

✳ Comprueba siempre la temperatura del agua de la bañera antes de meter en ella al niño: utiliza un termómetro o sumerge el codo tal y como hacían nuestras abuelas; no lo hagas con la mano ya que no es tan sensible y te podría parecer que está menos caliente de lo que realmente está.

✳ No manipules productos tóxicos mientras tienes al niño en brazos.

✳ A medida que el niño crezca deberás extremar las precauciones, porque aumentará su curiosidad y llegará a más sitios.

¿Qué es esa mancha roja?

 ## ¿Qué es un eritema?

Si a tu hijo le sale una mancha grande y roja salpicada de puntitos blancos en alguna parte del cuerpo y tu pediatra te dice que se trata de un eritema tóxico, no te alarmes. A pesar de lo inquietante que resulta el nombre, se trata de una afección completamente benigna que no reviste ningún peligro. Se desconoce su causa y la tienen el 50 % de los recién nacidos.

 ## ¿Cuándo aparece?

El bebé puede nacer con el eritema, pero en la mayoría de los casos este aparece entre los 3 días y las dos semanas de vida. La erupción puede cambiar rápidamente, apareciendo y desapareciendo en diferentes zonas en cuestión de horas o días. Por regla general desaparece a las dos semanas sin necesidad de tratamiento alguno y sin tener que introducir ningún cambio en el cuidado de su piel. En la mayoría de los casos el eritema ha desaparecido definitivamente a la edad de cuatro meses. Si tu hijo tiene la piel oscura, es posible que de momento le quede una mancha morada que también acabará desapareciendo. Si el

"Los eritemas suelen causar prurito (picor) y pueden aumentar de tamaño."

ALFONSO SANTIAGO MARÍ,
ESPECIALISTA EN HEMATOLOGÍA Y HEMOTERAPIA

A TENER EN CUENTA:

★ Los recién nacidos suelen tener granitos e irritaciones en la piel. Es a partir de los tres meses que tienen la piel suave y bonita que asociamos con los bebés.

¿QUÉ BEBÉS SON MÁS PROPICIOS A TENERLA?

● Los bebés que han tenido ictericia al nacer y que, para tratarlos, han sido expuestos a los rayos UVA.

bebé nace con esa mancha es que ha tenido un eritema mientras estaba en el vientre de su madre.

¿Dónde suele aparecer?

Aparece sobre todo en la cara y en la mitad superior del cuerpo, pero hay niños que lo tienen en la parte superior de los brazos o incluso en los muslos.

Otros trastornos de la piel:

✱ El acné miliar: son unos granitos de color blanco que suelen aparecer en las mejillas, la nariz o el mentón del recién nacido. Estos granitos son inofensivos y muy comunes, de hecho los tienen un 40% de los recién nacidos. Aunque resultan un tanto antiestéticos, piensa que no son dolorosos ni contagiosos, y que desaparecerán sin necesidad de tratamiento en unas 2-3 semanas.

✱ Las perlas de Epstein: son una especie de protuberancias parecidas al acné milia que aparecen en las encías y el paladar del recién nacido. Al igual que en el caso anterior, son completamente inofensivas.

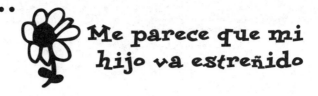
Me parece que mi hijo va estreñido

Muchos padres creen erróneamente que sus hijos padecen estreñimiento si no evacuan todos los días y se asustan pensando que tienen algún desajuste intestinal serio. Pero los hábitos de evacuación de un niño pueden variar considerablemente. Lo que importa no es el tiempo que pasa entre una deposición y la siguiente, sino su aspecto. Solo debes preocuparte si las heces de tu pequeño son duras, secas y aparecen fragmentadas formando pequeñas bolitas.

Falsos problemas:

Muchos lactantes tienen dificultades serias para evacuar. Enrojecen, hacen grandes esfuerzos pero finalmente eliminan unas heces cremosas o quizás algo más consistentes que no justifican en absoluto los esfuerzos realizados. No es que sufran de estreñimiento, sino que la musculatura de sus paredes abdominales es demasiado débil, algo perfectamente normal a esa edad. Dicha debilidad impide que ejerzan la presión necesaria dentro del abdomen como para expulsar las heces con facilidad. Puedes ayudarle presionando con la mano abierta sobre su abdomen, para aumentar la presión intrabdominal; o flexionar y estirar sus piernecitas para estimularle a apretar.

Hay niños que defecan menos veces de lo que suele ser habitual, de modo que pueden pasar varios días entre una evacuación y la siguiente. Pero llegado el momento lo hacen de forma más o menos normal. El niño no va estreñido; simplemente tiene un ritmo intestinal más lento. No siente molestias ni tiene porqué padecer ningún efecto secundario.

Causas más comunes del estreñimiento:

- Falta de líquidos.
- Alimentación escasa o incorrecta.
- Enfermedad.
- Factores psicológicos.

Me parece que mi
hijo va estreñido
Susan Benjamin

A TENER EN CUENTA:

★ Si las heces están más duras de lo normal, al eliminarlas se distiende el tejido que se encuentra alrededor del orificio anal produciendo pequeñas rasgaduras o fisuras que suelen sangrar y cubren los excrementos con estrías de sangre. Cuando las evacuaciones se vuelven más blandas, el problema suele desaparecer.

Algunas soluciones naturales:

✳ Aumenta la cantidad de líquidos que ingiere diariamente tu pequeño.
✳ Ofrécele zumo de naranja; si no acepta bien los cítricos, escoge frutas como la uva, la pera o la manzana.
✳ Masajea su tripita con la palma de la mano abierta realizando movimientos circulares durante cinco minutos.
✳ Aumenta el consumo de frutas y verduras frescas, es decir, de los alimentos ricos en fibra que favorecen el tránsito intestinal; las ciruelas pueden ser un gran aliado.

Otras posibles soluciones:

Antes de optar por una de estas soluciones, debes consultar a tu pediatra.
● Los supositorios de glicerina.
● Las irrigaciones.

Soluciones prohibidas:

● Los laxantes.
● Los enemas.
● Las tisanas.

> "En el 95% de los casos, las causas del estreñimiento son de origen desconocido. En su aparición influyen factores constitucionales, hereditarios y psicológicos."
>
> EDUARDO HERNÁNDEZ GONZÁLEZ,
> PEDIATRA Y PSICOTERAPEUTA DE LA CONDUCTA INFANTIL

¿Cómo debo introducir el zumo de naranja a mi pequeño?

Si el pediatra te dice que puedes empezar a ofrecerle zumo de naranja por primera vez, sigue los pasos siguientes:

El primer día debes ofrecerle una cucharadita de zumo de naranja mezclado con una de agua.

El segundo día dos cucharaditas de zumo mezclado con dos de agua.

El tercer día, tres de zumo y tres de agua.

El cuarto día, cuatro de zumo y cuatro de agua.

El quinto día, cinco de zumo y cinco de agua.

El sexto día, seis de zumo y cuatro de agua.

Me parece que mi
hijo va estreñido
Suzan Benjamin

El séptimo día, siete de zumo y tres de agua.
El octavo día, ocho de zumo y dos de agua.
El noveno día, nueve de zumo y una de agua.
El décimo día, diez de zumo.
A partir de ese día se va aumentando la cantidad de zumo hasta darle un vaso entero.

EL NIÑO
DE 1 A 2
AÑOS

¡Mi bebé ha dado sus primeros pasitos!

Una de las cosas que más orgullo despierta en los padres es ver que su bebé empieza a dar los primeros pasos. Es un momento realmente emocionante y clave dentro de su desarrollo y ni papá ni mamá se lo quieren perder. Lo más probable es que el pequeño lleve algún tiempo gateando y que ya haya aprendido a ponerse de pie agarrándose en algún sitio. Su autonomía es cada vez mayor, y cada vez son más las cosas que le interesan y que sabe hacer. Y ese entusiasmo y esas ansias de libertad son imparables. Dentro de muy poco podrás colocarte delante de él, llamarle y esperarle con los brazos abiertos. Verle venir entregado y con esa cara de absoluta felicidad y luego sentir como se funde en un abrazo contigo es algo que como padre o madre no debes perderte. Te aseguro que es una sensación única.

"Elogiarle cuando consigue superar un obstáculo solo o sostenerle sin dramatizar cuando pierde el equilibrio son formas de ayudarle a forjar su autoestima."

CARLOS GONZÁLEZ, PEDIATRA

 ## ¿A qué edad dará sus primeros pasos?

No existe una edad concreta para empezar a andar. Cada niño es único y tiene su propio ritmo de desarrollo. Respétalo y limítate a disfrutar de él. Y piensa que al final todos los niños aprenden. Todos. De todos modos, a continuación encontrarás algunas directrices generales que pueden servirte de guía:

✳ El gateo suele iniciarse entre el octavo y el noveno mes, y dura alrededor de 1-2 meses.

✳ Algunos niños no llegan a gatear nunca.

✳ Existen distintas formas de gateo y todas son igual de válidas: apoyando las rodillas, sin apoyar las rodillas, de culo, arrastrándose, etc.

✳ La mayoría de niños empiezan a andar alrededor de los 12 meses, primero con ayuda y luego sin ella.

✳ A los 15 meses prácticamente todos los niños saben andar, aunque el grado de seguridad o de destreza con la que andan puede variar mucho de un niño a otro.

✳ Si a los 18 meses todavía no anda, habla con tu pediatra.

 ## ¿Cómo puedo ayudarle?

✳ Cuando veas que intenta ponerse de pie, anímale; felicítale cuando lo consiga.

✳ Ayúdale a ponerse de pie. Las primeras veces ofrécele las dos manos; luego solo una. También puedes sugerirle lugares en los que puede agarrarse, para que siga ejercitándose solito.

✳ Cuando ya esté a punto de lanzarse a andar, papá se coloca de cuclillas con el niño entre sus piernas y mamá se pone delante de ellos y llama al niño con la boca y con las manos; luego podéis repetirlo colocándoos al revés, o sea, mamá en cuclillas con el niño y papá delante llamándolo.

✳ Realiza con él cualquier juego que le ayude a mejorar su sentido del equilibrio.

A TENER EN CUENTA:

★ Por regla general las niñas suelen aprender a andar antes que los niños.

✹ Si observas que a tu hijo le cuesta volver a sentarse en el suelo desde la posición erguida, estate pendiente y ayúdale, para que no se ponga nervioso ni se frustre.

✹ Organiza una "carrera de obstáculos" para que tu bebé mejore sus habilidades trepadoras: coloca en su camino unas mantas dobladas, más adelante unos cojines, luego un escalón de plástico, etc. Adapta los obstáculos a sus habilidades, de manera que no resulten ni demasiado fáciles ni demasiado difíciles.

✹ Proponle juegos de imitación: haz cabriolas, rueda por el suelo, etc. No olvides que los niños aprenden sobre todo por imitación, de modo que ofrécele modelos a seguir.

✹ Juega a mencionar las distintas partes del cuerpo: con una canción o una rima, por ejemplo.

✹ Construye túneles y escondites con cajas de cartón, cojines, sábanas y cualquier otro objeto seguro que se te ocurra: enséñale a perseguirte y a esconderse jugando.

En definitiva, utiliza tu imaginación para interactuar con él mientras os lo pasáis fenomenal.

¿Cómo debo reaccionar si se cae o se hace daño?

Una caída desafortunada puede provocar un retroceso en el niño, sobre todo si coge miedo o se asusta. Para evitarlo debes intentar que el entorno del niño sea seguro, es decir, que no tenga objetos puntiagudos, ni esquinas sin protección, ni enchufes expuestos y de fácil acceso. Así aunque se caiga la cosa no será muy grave. Por otro lado es muy importante que ante las caídas de tu pequeño, que son inevitables, reacciones de forma adecuada. Cuando se haga daño, cálmale y consuélale pero dándole ánimos, para que se atreva a intentarlo otra vez. Felicítale cuando lo intente de nuevo y refuerza de forma positiva sus esfuerzos por superarse. De lo contrario acabará frustrándose y sintiéndose muy inseguro. El miedo y la inseguridad también se aprenden.

¿Cuándo dirá mamá?

Otro de los grandes momentos dentro del desarrollo del bebé es aquel en el que empieza a decir sus primeras palabras. Ya lleva algún tiempo balbuceando y emitiendo sonidos, pero por fin podemos oír su vocecita por primera vez. Como ocurre con el andar, no existe un momento concreto en el que deba empezar a hablar. Alrededor de los 5 o 6 meses los niños suelen empezar a decir las primeras consonantes: m, b, n, ma, gu, etc. Alrededor del año suelen empezar a decir las primeras palabras con sílabas dobles: papá, mamá, tete, etc. Lo que sí han establecido los especialistas son períodos en los que el bebé debe alcanzar determinadas metas lingüísticas; estos períodos permiten valorar si el niño se está desarrollando con normalidad.

"Los esquemas de Pediatría Preventiva de la Sociedad Española de Pediatría Extrahospitalaria y Atención Primaria señalan como nivel normal de desarrollo que un niño de 18 meses diga palabras sueltas, unas cinco"

LUIS GONZÁLEZ TRAPOTE,
ESPECIALISTA EN PEDIATRÍA Y ALERGOLOGÍA

Metas lingüísticas generales:

- A los 16 meses el niño debe emitir algún sonido tratando de comunicarse.
- A los 20 meses debe decir alguna palabra.
- A los 24 meses debe ser capaz de decir dos palabras que formen una frase.

Si tu hijo no consigue desarrollar estas habilidades en los tiempos marcados debes acudir al especialista, para que le haga una valoración y determine si existe algún problema.

Técnicas para estimular el lenguaje:

La estimulación lingüística de los bebés comienza durante la gestación, aproximadamente a las seis semanas de embarazo.

Estimulación prenatal: son muchas las cosas que puedes hacer mientras el bebé está en tu vientre:
- Háblale claro y con dulzura.
- Ponle música.
- Léele cuentos.

Estimulación tras el nacimiento: en el desarrollo de sus capacidades lingüísticas influye el carácter del niño pero también, y mucho, la actitud y la estimulación de aquellos que le rodean. Por eso normalmente los niños que tienen hermanos mayores hablan antes que los que no tienen. Independientemente de si tu hijo es más o menos precoz, y más o menos sociable, puedes ayudarle así:
- Cuando hables con él, utiliza frases cortas y de fácil comprensión.
- Para que pueda entender mejor lo que le dices, refuerza el lenguaje con gestos y expresiones faciales.
- Demuéstrale tu alegría cuando consiga decir algo.

A TENER EN CUENTA:

★ Si tu hijo es perfeccionista por naturaleza, es posible que tarde más en empezar a hablar pero cuando lo haga lo hará de forma más correcta; si es muy impetuoso es posible que empiece en seguida a decir palabras, pero que le lleve más tiempo usarlas y pronunciarlas correctamente.

● Explícale lo que ocurre a su alrededor, sobre todo durante los momentos que son más significativos para él: cuando come, cuando le bañas, cuando le cambias el pañal, etc. Ten presente que aunque todavía no habla ya entiende muchas cosas.

¿Por qué no habla al principio?

El niño no habla entre otras cosas debido a las características de su aparato fonador. En el recién nacido la laringe, que es el órgano que nos permite hablar, está situada más arriba que en los adultos y la lengua ocupa prácticamente toda la boca. Por eso tan solo puede balbucear. Poco a poco, sin embargo, la laringe va descendiendo y permite al bebé conseguir los mecanismos adecuados para poder articular los sonidos.

¿Qué tipo de palabras usa un bebé?

Al principio entender a tu bebé puede ser todo un reto, así que tendrás que estar muy pendiente y tener en cuenta lo siguiente:

✱ **Para él una palabra puede tener muchos significados:** las primeras palabras de los bebés cumplen unas funciones comunicativas especiales y por eso una misma palabra puede tener varios significados. Así por ejemplo, cuando el bebé dice "agua" puede estar expresando que "quiere agua" o que "acaba de tomar agua" y los padres tenemos que "adivinar" por el contexto que pretende decirnos exactamente.

✱ **El niño tiene una gran capacidad de síntesis:** algunas palabras empiezan pero no terminan, otras sin embargo acaban pero no empiezan. Así es la capacidad de síntesis en su fonética. Por ejemplo, "oche" puede hacer referencia a "coche", y "yeyo" a "Diego". Tendrás que estar muy pendiente y usar tu intuición.

✱ **Usa conceptos generalistas:** una misma palabra sirve al bebé para nombrar varias cosas que tengan algún parecido o semejanza. Así por ejemplo, en esta etapa los bebés tienden a generalizar y llaman "pelota" a todos los objetos redondos; o "nene" a todas las personas, independientemente de su edad y su sexo.

 ## ¿Cuáles suelen ser las primeras palabras del bebé?

Sus primeras palabras se van a producir siempre en un determinado contexto y vienen marcadas por circunstancias personales, temporales y espaciales, porque en ellas coinciden función y referencia:

Personales: "Papá", "mamá" y "yo" son las primeras palabras que dirá dentro del ámbito personal. El bebé ya es capaz de identificarse a sí mismo y a sus interlocutores más próximos, que son sus padres.

Temporales: "Dame" y "ten" le sirven para expresar petición y ofrecimiento respectivamente.

Espaciales: "Ven" y "más" le permiten situar a las personas y los objetos en el espacio. El bebé utiliza "ven" cuando quiere estar físicamente acompañado y "más" para demandar continuación.

¿Cuándo dirá mamá?
Susan Benjamin

Tras la conquista de las primeras palabras, la evolución del lenguaje avanza de forma irregular. Al principio el progreso es lento. Es capaz de repetir unas 50 palabras, aunque ya conoce el significado de unas 200. A partir de los dos años sus progresos son espectaculares. Durante los meses siguientes el número de palabras conocidas aumenta mucho más que en cualquier otro período y estas dejan de pronunciarse de forma aislada y empiezan a formar frases.

 ## Cosas que no debes hacer:

✺ Si el pequeño pronuncia mal una palabra, repítesela de forma correcta. Ni le corrijas sistemáticamente ni empieces a pronunciarla mal tú también porque te hace gracia.

✺ No le fuerces ni le compares con otros niños. Él debe seguir su propio ritmo y tú debes respetarlo.

✺ Cuando hables a tu hijo no uses las palabras de forma incorrecta ni construyas frases incompletas. Usa frases cortas y que tengan sentido. Que no hable no quiera decir que no entienda.

¿Cómo se contagia la varicela?

La varicela es una enfermedad viral, aguda y contagiosa que se transmite únicamente de persona a persona. El período de incubación es de dos a tres semanas. Se caracteriza por la aparición de grupos de lesiones tópicas en la piel y de lesiones menos obvias en las membranas de la boca y la garganta. Por regla general la erupción comienza en el tronco y se disemina luego por los brazos, las piernas, la cara y el cuero cabelludo.

 ## Síntomas más característicos:

- Erupción cutánea que provoca comezón.
- Fiebre, sobre todo los tres o cuatro primeros días, cuando está brotando la erupción.
- Dolor de cabeza.
- Sensación de fatiga.
- Ardor en la garganta: causado por las lesiones de la boca y la garganta.
- Escurrimiento nasal.

> "La varicela es una enfermedad contagiosa causada por el virus de la varicela-zóster (VVZ), el mismo virus responsable en los adultos del herpes zóster."
>
> EDUARDO MORGADO, PEDIATRA

 ## Estadios de la varicela:

● Primero aparece un exantema en forma de pápulas (unos pequeños bultitos).

● Después dichas pápulas se transforman en ampollas llenas de líquido y rodeadas por un halo rojizo.

● Transcurrida una semana más o menos las ampollas se convierten en costras.

● La erupción cutánea sigue apareciendo durante varios días, de modo que los tres estadios conviven simultáneamente.

 ## ¿Cuál es el tratamiento indicado?

✳ Para aliviar la comezón y la fiebre puedes darle acetaminofén y aplicarle talquistina.

✳ No le des nunca aspirina.

✳ Trata de mantener al niño fresco.

✳ Reduce al máximo el contacto con otros niños.

✳ Intenta que no se rasque: córtale las uñas y, si es necesario, ponle guantes.

✳ Báñalo con agua fresca o tibia y bicarbonato de sodio o almidón de maíz (maicena).

 ## Algunos datos de interés sobre la varicela:

● Afecta sobre todo a los niños, con una incidencia máxima entre los 2 y los 8 años de edad.

● Se ven epidemias en ciclos de 3-4 años.

● Las epidemias se dan sobre todo entre enero y mayo.

● Solo se tiene una vez en la vida: una vez contraído el virus normalmente se queda inmunizado de por vida.

● Los adultos solo pueden infectarse si no han tenido antes el virus.

● El propio virus puede causar la hepatitis, aunque rara vez da síntomas: se detecta por analítica. Si una mujer contrae la varicela durante el embarazo, existe riesgo para el bebé.

 ¿Cuándo es contagiosa?

Tu hijo puede contagiar la enfermedad desde que empiezan los primeros síntomas respiratorios superiores, es decir, de tres a cuatro días antes de que se produzca la erupción, hasta que dejan de aparecer nuevas ampollas y las más viejas están bien secas, es decir, entre siete y diez días más tarde.

A TENER EN CUENTA:

★ Actualmente existe la vacuna de la varicela. Habla con tu pediatra para ver si está indicada en el caso de tu hijo.

Mi pequeño tose mucho

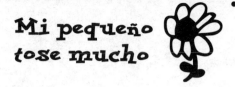

La tos es un mecanismo de defensa cuya función es proteger el aparato respiratorio. Elimina todo aquello que obstaculiza el paso del aire, impide que las sustancias extrañas puedan penetrar en los bronquios y facilita la eliminación de la mucosidad excesiva. Así pues, no debemos combatir la tos, si no la causa que la provoca.

 ## Algunas causas de la tos:

- Virus.
- Infecciones bacterianas.
- Asma.
- Alergias.
- Inhalación accidental de un cuerpo extraño: humo de un cigarrillo, polvo, algún objeto sólido, etc.
- Bronquitis.
- Resfriado.

 ## Distintos tipos de tos:

Seca y perruna: suele ser consecuencia de una inflamación de la laringe causada por un virus. Si la tos es el único síntoma, puedes emplear un humidificador o meterte en el baño con el pequeño y abrir el grifo del agua caliente para formar vapor. Si por el contrario tu pequeño presenta otros síntomas —fiebre alta, dificultad para respirar, señales evidentes de sufrimiento— debes consultar al pediatra de inmediato.

Ataques de tos seca: si van seguidos por el característico "gallo", son típicos de la tos ferina.

Seca y con silbidos: suele presentarse cuando el niño padece asma e ir acompañada de problemas respiratorios. Muchas veces se manifiesta por la noche y puede desencadenarse con el ejercicio físico.

Blanda e insistente: si la tos se presenta sobre todo por la noche o cuando el pequeño se despierta por la mañana, es probable que se trate de una infección de las vías respiratorias altas —cavidad nasal y faringe— ya que cuando se está tumbado las secreciones se acumulan y la tos empeora.

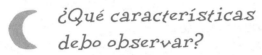

¿Qué características debo observar?

✳ Cuándo se manifiesta: si aparece durante la noche, durante todo el día, por la mañana al despertarse, mientras come, al realizar algún ejercicio físico, etcétera.

✳ Tipo de tos: si es más bien seca o blanda, si va acompañada por algún silbido, si tiene un timbre metálico, si es continuada o se presenta en forma de ataques, etcétera.

✳ Otros posibles síntomas: si tiene fiebre, si vomita, si está resfriado, si parece pasarlo mal, si presenta alguna conducta extraña, etcétera.

¿Cuándo debo contactar con mi pediatra?

● Si a tu pequeño le cuesta respirar y no mejora después de haberle tratado de despejar los orificios nasales con suero fisiológico.

● Si respira de forma acelerada y jadea.

● Si tiene menos de tres meses y presenta una tos persistente.

● Si expectora moco estriado de sangre.

● Si durante los ataques de tos los labios se le ponen violáceos.

● Si parece estar sufriendo.

● Si la fiebre persiste más de 72 horas.

● Si la tos dura más de diez días.

● Si sospechas o sabes que tu hijo se ha tragado algún objeto.

● Si tiene dolores en el tórax o le duele la cabeza.

● Si trastorna el sueño de tu hijo.

 **Lo que no debes
hacer nunca:**

✳ Administrarle algún fármaco contra la tos sin consultar antes al pediatra.
✳ Eliminar la leche de la dieta del niño: no es verdad que espese las secreciones.
✳ Cambiar las pautas alimenticias del pequeño.

> "La mayoría de veces la *tos* seca es parte de un catarro y está provocada por la inflamación de la faringe. Aunque sea llamativa, si va acompañada de muchos mocos y fiebre que remite en dos o tres días, no suele ser preocupante."
>
> JAVIER PÉREZ FRÍAS, NEUMÓLOGO INFANTIL Y PROFESOR TITULAR DE PEDIATRÍA DE LA UNIVERSIDAD DE MÁLAGA

 **Algunos remedios
sencillos:**

● Elimina del ambiente las sustancias que pueden causar la irritación, tales como el humo de los cigarrillos, el polvo, etcétera.
● Da de beber al pequeño con frecuencia: el agua es un magnífico fluidificante del moco.

● Humidifica el ambiente, sobre todo en invierno, cuando se usa más la calefacción.

● Prepárale bebidas calientes o templadas endulzadas con miel, por su acción emoliente.

A TENER EN CUENTA:

★ Debes fijarte en las características de la tos, sobre todo en el tipo de sonido y en el horario en el que se produce, ya que ello te ayudará a descubrir la causa que la provoca.

¿Qué pasa si mi hijo se traga algún objeto?

La ingestión de algún objeto pequeño que no se disuelve, sobre todo durante la fase oral, es decir, cuando el niño se lo mete todo en la boca, es uno de los accidentes domésticos típicos con los que los padres deben enfrentarse. El principal problema es que, a menos que lo veas, algo poco probable porque en dicho caso tratarás de impedirlo, ni siquiera sabrás que tu hijo se ha tragado un objeto y mucho menos de qué objeto se trata. Así pues, las únicas pistas serán o bien determinados síntomas o bien la desaparición del objeto en cuestión.

"El riesgo de complicaciones tras la ingestión de un cuerpo extraño aumenta considerablemente si el niño ha sido sometido a algún tipo de cirugía, porque puede tener adherencias intestinales."

JURI OSVALDO NAVARRO, PEDIATRA

¿Qué debo hacer?

La mayoría de cuerpos sólidos pasan a través del cuerpo sin causar ningún daño. La cosa se complica, no obstante, si el objeto se queda atascado, algo que ocurre principalmente con los cuerpos irregulares y afilados. Veamos cómo debes actuar según el caso:

✹ Si tu hijo se traga una espina de pescado o un huesecito de pollo y se le queda atorado en la garganta, dale una galleta o un trozo de pan seco: en muchos casos al tragar el pan o la galleta la garganta se despeja.

✹ Si el objeto que se ha tragado consigue llegar al estómago, lo más probable es que siga su recorrido y acabe siendo expulsado con las heces: debes colar las heces hasta que estés segura de que el cuerpo extraño ha sido expulsado.

✹ Si por algún motivo no estás convencida de si lo ha expulsado o no, puedes pedir al médico que le haga una radiografía.

✹ Si el objeto se queda atorado en el esófago debes acudir al hospital para que se lo retiren con un instrumento especialmente diseñado para ello.

✹ Si el objeto no consigue pasar por el tracto intestinal, algo poco probable, y se queda atascado en el estómago, puede extraerse con un aparato llamado gastroscopio.

✹ Si no estás segura de si se lo ha tragado o no, díselo a tu pediatra o al médico de urgencias: lo más probable es que le hagan una radiografía para confirmar si se lo ha tragado o no y para saber dónde se encuentra en caso afirmativo.

¿Cuándo debo acudir a un profesional?

● Si tu hijo se traga un objeto afilado.
● Si tu hijo resuella, babea o tose de forma insistente: podría tener complicaciones de tipo respiratorio.

¿Qué pasa si mi hijo
se traga algún objeto?
Susan Benjamin

A TENER EN CUENTA:

★ En los Estados Unidos mueren alrededor de 1500 personas al año por ingestión de cuerpos extraños.

● Si tu hijo vomita, se queja de dolor en el estómago o sus heces están manchadas de sangre: podría tener complicaciones en el aparato digestivo.

● Si tu hijo señala o se toca el lugar donde siente que el objeto está atorado.

Mi papá habla en castellano y mi mamá en inglés

Los niños pueden aprender dos idiomas de forma natural y sin esfuerzo tanto a través de los progenitores como por medio del estudio. De hecho tienen una especial facilidad para aprender idiomas, ya que al no tener todavía la mente condicionada, les cuesta muy poco asimilar dos sistemas al mismo tiempo. Los niños bilingües son muy afortunados, porque aprender dos idiomas desde tan pequeñitos resulta muy ventajoso para ellos.

Vías para llegar a ser bilingüe:

Cuando el papá es de un país y la mamá de otro: en este caso es importantísimo que cada progenitor hable al niño en su lengua materna; no deben mezclarlas ni hablarle a veces en una y otras veces en la otra. Así, el pequeño relacionará cada idioma con la persona correspondiente.

El niño asiste a un colegio en el que enseñan en un idioma distinto al de sus padres: por ejemplo, si la familia es española pero el niño estudia en un colegio alemán; el pequeño relacionará cada lengua con la situación o contexto correspondiente.

Las distintas fases del aprendizaje:

En el proceso de aprendizaje de las dos lenguas podemos distinguir tres fases:

Antes de cumplir dos años: el niño ya sabe nombrar objetos y actividades en las dos lenguas y para expresarse escoge en cada ocasión la palabra que antes le viene a la cabeza. En perfectamente normal que en una misma frase utilice palabras de los dos idiomas.

Entre los 2 y los 3 años: el pequeño va comprendiendo poco a poco que se trata de dos idiomas distintos. Habla con más soltura la lengua que escucha durante más horas al día. En muchos casos es la de la madre, que es la que se queda en casa para criarle.

Mi papá habla en castellano
y mi mamá en inglés
Susan Benjamin

Entre los 4 y los 5 años: el niño ya distingue perfectamente los dos idiomas y los utiliza según la situación o contexto en el que se encuentra, o según si se dirige al padre o la madre.

A partir de los cinco años: el niño debe haber integrado ya la estructura de las dos lenguas.

 ## ¿Y si el niño se hace un lío con las dos lenguas?

Los niños que escuchan dos idiomas diferentes desde la cuna tardan más tiempo en soltarse a hablar. Ello se debe a que tienen que aprenderse dos nombres distintos para cada objeto y el doble de estructuras sintácticas y gramaticales, de modo que es algo perfectamente comprensible. Durante el proceso de aprendizaje mezclarán las dos lenguas y cometerán algunos errores, pero con el tiempo aprenderán a diferenciar los dos idiomas sin problemas

> "Aprender dos idiomas desde la cuna favorece la apertura mental del pequeño sin entorpecer el aprendizaje de la lengua materna."
>
> MARIA TERESA NAVES, PROFESORA ASOCIADA DE LA FACULTAD DE FILOLOGÍA DE LA UNIVERSIDAD DE BARCELONA

Ventajas de hablar dos idiomas:

- Mejora las capacidades cognitivas del niño.
- Estimula su atención.
- Le permite cambiar de tarea con mayor rapidez.
- Facilita el aprendizaje de un tercer idioma: es mejor no introducirlo hasta que el niño haya asimilado bien las dos primeras lenguas.
- Abre la mente del niño: más allá de los sonidos y los signos, cada lengua tiene su propia estructura e interpreta la realidad de una manera determinada.
- Le enriquece: en todos los sentidos.

Condiciones para adquirir correctamente una segunda lengua:

☀ Iniciación temprana: debe empezar a oír y hablar la segunda lengua lo antes posible.

☀ Muchas horas: para alcanzar un nivel realmente alto, equivalente al de

A TENER EN CUENTA:

★ Los niños pueden llegar a ser bilingües de forma natural y sin esfuerzo si oyen dos idiomas distintos desde muy pequeñitos.

Mi papá habla en castellano
y mi mamá en inglés
Susan Benjamin

una persona nativa, el niño debe estar expuesto a los estímulos lingüísticos del segundo idioma un gran número de horas como parte de su rutina. La primera lengua no se adquiere por completo hasta alrededor de los 12 años, y luego seguimos mejorándola durante el resto de la vida.

✳ Intensidad: el contacto con la otra lengua solo es efectivo si impregna realmente la vida del niño. Por eso cuando la segunda lengua no se aprende en el ámbito del hogar suelen usarse programas de inmersión, que resultan muy eficaces.

✳ Necesidad o deseo de establecer la comunicación: la adquisición de un idioma depende en gran medida del deseo de comunicarnos con el otro, de la necesidad de hacerlo. Los niños aprenden a hablar una lengua para poder comunicarse con sus iguales.

¡Pero si los monstruos no existen!

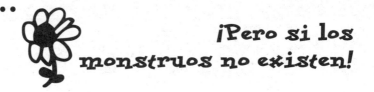

 ## ¿Qué son los miedos nocturnos?

Son miedos que se experimentan durante el sueño y que hacen que el niño se despierte de forma súbita, normalmente llorando y diciendo que ha tenido una pesadilla. Los miedos nocturnos no son lo mismo que los terrores nocturnos. La principal diferencia es que en los primero el niño se despierta por completo y recuerda perfectamente que ha tenido un mal sueño. En el caso de los terrores nocturnos, sin embargo, el niño no llega a despertarse del todo. Los episodios de miedos nocturnos son muy habituales entre los niños. Debes tener claro que el hecho de sentir miedo no es malo. De hecho forma parte del aprendizaje del niño y le ayuda a madurar y a aprender a enfrentarse a las situaciones difíciles. Los miedos pueden estar motivados por el descubrimiento de los monstruos y los personajes terroríficos, pero también por situaciones que le angustian, como una mudanza, el inicio de la guardería o la llegada de un hermanito.

"Los miedos desaparecerán si los padres mantienen una actitud tranquila y segura, y no obligan al niño a enfrentarse a toda costa y a la fuerza a sus 'pequeños fantasmas'."

PEDRO BARREDA, PEDIATRA

¡Pero si los
monstruos no existen!
Susan Benjamin

¿Por qué ocurren durante la noche?

Todos, también los adultos, canalizamos a través de los sueños las vivencias que hemos tenido durante el día y las emociones que estas nos han provocado. En esta etapa del desarrollo los niños descubren los monstruos y los personajes terroríficos a través de los cuentos y los dibujos animados y estos pasan a estar muy presentes en sus pensamientos, de modo que es perfectamente normal que también aparezcan en sus sueños. Además, a esta edad al niño todavía le cuesta distinguir la realidad de la ficción. Lo que sueña para él es algo tan real que le cuesta comprender que solo ha sido un sueño, que no ha ocurrido en realidad.

¿Cómo puedo ayudarle a superar sus temores?

Tú no puedes controlar sus sueños, pero puedes hacer algunas cosas para que sus sueños resulten más placenteros y agradables:

✳ Escoge con él algún peluche que le guste especialmente y explícale que puede dormir con él, que el muñeco le protegerá por la noche mientras duerme.
✳ Puedes invocar a un hada buena, o una hada madrina, o al dragón blanco de la suerte, y pedirle que se lleve a los monstruos de la habitación de tu hijo.
✳ También puedes confeccionarle un atrapasueños (busca cómo se hacen en Internet), con alambre y lana, y colgarlo sobre su cama, para que se trague todas las pesadillas y los ogros de sus sueños.
✳ No le amenaces con frases como "vendrá el coco y te comerá", o "se te llevará el hombre del saco".
✳ A los niños les cuesta mucho diferenciar la ficción de la realidad; de hecho, al menos las primeras veces, pensará que lo que acaba de soñar ha ocurrido en realidad, por eso siente tanto miedo. Explícale que eso solo ocurre en su cabecita, que en casa todo está bien y no ha pasado nada malo.

✹ Desmitifica a los monstruos, cuéntale que no tienen porque ser terroríficos. Cuéntale historias de monstruos buenos, cómprale y léele algún cuento que sirva para tratar este tema (hay muchos y algunos son muy buenos; pregunta en la librería más cercana o en la biblioteca de tu barrio), o ponle alguna película, por ejemplo *Monstruos S.A.*

✹ Crea una rutina adecuada para ir a la cama: léele o cuéntale un cuento, arrópale, cántale una canción dulce y deséale buenas noches.

✹ Puedes dejar alguna luz encendida, por ejemplo la del pasillo, por si el niño se despierta por la noche; en las tiendas especializadas venden unas luces especiales para eso que se conectan en el enchufe que tenga más cerca de la cama.

✹ No dejes que vea películas o dibujos con escenas violentas, especialmente antes de irse a la cama. De hecho antes de irse a la cama no es aconsejable ni ver la televisión ni jugar con el ordenador. Es mucho mejor hacer alguna actividad relajada y agradable.

A TENER EN CUENTA:

★ Si tu hijo tiene miedos nocturnos ni lo sobreprotejas ni te burles de él. No puedes evitar que sufra o tenga miedo, pero puedes dejarle claro que siempre estarás a su lado para consolarle y acompañarlo mientras se le pasa.

★ Si se despierta en plena noche, cálmale y explícale que no pasa nada, que todo está bien. Por la mañana habla con él del sueño que ha tenido. Explícale que los monstruos no existen, que solo aparecen en los cuentos y los dibujos, que no hay nada que temer y que papá y mamá siempre estarán ahí para cuidarle.

No, no y no

Alrededor de los dos años el niño entra en la llamada "fase de negación" o "fase de oposición", en la que la actitud predominante va a ser la protesta y la negación. Puede manifestarse entre los 18 meses y los 3 años, o no aparecer nunca. Es una etapa perfectamente normal que se inicia cuando el niño descubre que tiene el poder de rechazar los requerimientos de otro, incluso si dichos requerimientos son placenteros. Es una etapa clave para desarrollar su independencia y su identidad y para autoafirmarse. Por regla general, si se maneja y afronta correctamente, suele solucionarse como mucho en un año.

¿Cómo debo actuar?

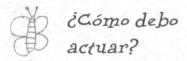

Es importante que tengas claro que cuando el niño dice "no" en realidad está diciendo "¿De verdad tengo que?". No pretende faltarte al respeto ni fastidiarte. Está tratando de encontrar su espacio y tú debes respetarle, ayudarle a encontrarlo y acotárselo. Así que obsérvale, mira lo que hace, cómo lo hace, porqué lo hace y trata de respetar su ritmo, sus ganas de investigar y descubrir. Así te resultará más fácil adaptarte a él y a sus necesidades. Si tu hijo siente que no le comprendes se sentirá muy frustrado.

A continuación encontrarás algunas ideas que espero te sean útiles:

● Dile "no" a tu hijo solo cuando sea indispensable, por ejemplo, cuando ponga en peligro su salud. No debes dejarle que se meta una piedra en la boca, porque es malo para él; pero a lo mejor no pasa nada porque vaya descalzo por casa o porque se salga a la calle con un guante de cada color.

● Deja que sea él el que escoge en cosas que no te supongan demasiado problema: el libro que va a leer por la noche, la fruta que va a tomar para merendar, la ropa que va a ponerse el sábado. El problema se resolverá más pronto si tu hijo siente que le dejas tomar bastantes decisiones.

● Cuando algo no pueda ser, ni discutas ni negocies. Limítate a explicarle los motivos por lo que no puede ser. Por ejemplo, no puede ir en coche sin el cin-

turón de seguridad puesto por razones de seguridad. Debe aprender a respetar las normas, así que explícale el porqué de estas.

● Considera su actitud como una expresión de su propia autonomía y una búsqueda saludable de independencia, en lugar de cómo simple testarudez: así le ayudarás a sentirse más competente y evitarás conflictos.

● Muéstrate flexible: obsérvale y aprende cuáles son las cosas que más le gustan y cuál es su ritmo natural.

● Evita el castigo físico: no sirve para nada y puede resultar muy contraproducente.

● Cuando le digas algo a tu hijo, hazle creer que tiene un mayor control sobre la situación del que tiene realmente. En vez de decirle "tienes que bañarte" prueba con algo como "¿quieres bañarte ahora o después de hacer otra partida?"

● Intenta ser coherente y consecuente.

> "A los dos años los bebés toman conciencia de sí mismos y de que son personas distintas a su madre o su cuidador, y sienten la necesidad de autoafirmarse. Por eso a esa edad son tan rebeldes, porque intentan diferenciarse de los demás."
>
> MICHAEL POSNER, EXPERTO EN NEUROCIENCIA COGNOSCITIVA

A TENER EN CUENTA:

★ Más vale poner al niño unos pocos límites claros e innegociables, que muchos límites difusos y negociables.

● Cuando esté concentrado realizando alguna actividad, no le interrumpas a menos que sea absolutamente necesario. Espera a que el niño pierda el interés por lo que está haciendo.

● Si tienes que interrumpirle, adviértele con tiempo. "Dentro de 10 minutos tenemos que irnos". Así podrá terminar lo que está haciendo, hacerse a la idea y prepararse para irse.

● Distráelo con otra cosa: los niños no son capaces de pensar en dos cosas a la vez, de modo que si se concentra en otra cosa se le olvidará lo que tenía en la cabeza.

● Sugiérele algo distinto. Si estás en el parque y no quiere bajarse del perrito balancín dile: "Ven, vamos un poco al columpio, haremos ver que vas en un cohete".

● Si el niño no cumple una indicación de inmediato, deja pasar un rato antes de repetirla.

● Mezcla las indicaciones con otras actividades más placenteras: "es hora de recoger los juguetes; cuando acabes puedes acompañarme a la buhardilla a buscar tu disfraz de demonio".

● Usa un "tiempo de descanso" para poner fin a los conflictos; deja claro que no tiene nada que ver con un castigo. Es un recurso que os permite es-

capar de una situación tensa tanto a tu pequeño como a ti. Conseguirás que disminuya su resistencia o, con un poco de suerte, que desaparezca del todo.

● Intenta mostrarte paciente y comprensiva con él cuando se produzca alguna situación especial: un divorcio, el nacimiento de un hermanito, un cambio de casa, etc.

● Cuando le expliques cómo debe hacer las cosas y cómo debe comportarse, hazlo con una sonrisa en la boca, con un tono dulce y haciéndole alguna caricia, en lugar de con tono recriminatorio o con críticas.

¡Eso no se bebe!

Las intoxicaciones se producen cuando ingerimos, inhalamos o estamos expuestos a una sustancia dañina. Entre los niños, la mayoría de intoxicaciones suceden por accidente. Cada año se producen alrededor de 2,5 millones de intoxicaciones en los Estados Unidos, y de ellas unas 1.000 terminan con la muerte de la persona afectada. En España las cifras son poco fiables, porque no existen estudios rigurosos.

En caso de intoxicación puedes contactar con el Instituto Nacional de Toxicología; dispone de un teléfono para emergencias.

Sustancias tóxicas más comunes:

- Fármacos: cualquier medicamento que tengas en casa.
- Detergentes y productos de limpieza de uso doméstico.
- Insecticidas para plantas.
- Pinturas, barnices y colas.
- Monóxido de carbono: cuando se produce un incendio o a causa de un horno, un motor que funcione con gasolina, un calentador, etc.
- Plantas tóxicas o venenosas.

Síntomas de intoxicación:

Entre los síntomas más habituales se encuentran:

Dolor abdominal, dolor torácico, dificultad para respirar, palpitaciones cardíacas, falta de aliento, crisis epilépticas, labios azulados, confusión, tos, diarrea, mareos, visión doble, fiebre, somnolencia, dolor de cabeza, inapetencia, irritabilidad, pérdida del control de la vejiga, contracciones musculares involuntarias, náuseas y vómitos, entumecimiento u hormigueo, erupciones cutáneas, quemaduras alrededor de la boca u otras partes del cuerpo, estupor, pérdida del conocimiento, mal aliento de olor inusual, debilidad.

 ## ¿Qué debo hacer ante una intoxicación?

Busca ayuda médica de inmediato. Mientras esperas la llegada del equipo médico, o mientras te diriges al hospital más cercano, actúa como se indica a continuación. Los primeros auxilios son muy importantes en caso de intoxicación, ya que gracias a ellos puedes salvarle la vida a tu pequeño.

☀ Intoxicación por ingestión:

↑ Examina y vigila las vías respiratorias del niño. Si lo consideras necesario, hazle la respiración boca a boca y la reanimación cardiopulmonar.

↑ Intenta averiguar qué cantidad ha ingerido y de qué producto.

↑ No le provoques el vómito a menos que te lo indique algún especialista del centro de toxicología o un profesional de la salud.

↑ Si el niño vomita, intenta despejarle las vías respiratorias. Envuélvete los dedos de la mano con un trozo de tela y límpiale la boca y la garganta. Si el niño ha ingerido alguna planta tóxica, guarda el vómito. Así a los expertos les resultará más fácil identificar el tipo de medicamento que puede neutralizar el tóxico.

↑ Si el niño tiene convulsiones, túmbalo en el suelo de lado, evita que se autolesione, afloja sus prendas de vestir, sobre todo alrededor del cuello, y espera junto a él a que lleguen los equipos médicos.

↑ Intenta que el niño esté cómodo. Túmbalo de lado, sobre su lado izquierdo.

↑ Si la sustancia tóxica le ha salpicado la ropa, quítasela y lávale la piel con agua.

↑ Una vez en el hospital lo examinarán y seguramente le harán una limpieza de estómago.

☀ Intoxicación por inhalación:

↑ Aparta al niño de los gases, vapores o humo, siempre que sea seguro hacerlo.

↑ Abre las ventanas y las puertas, para que la estancia se ventile y entre aire limpio.

↑ Antes de entrar en la zona contaminada respira aire fresco profundamente varias veces y luego aguanta la respiración y entra. Cúbrete la boca y la nariz con un trozo de tela o un pañuelo mojado.

↑ No enciendas ni cerillas ni encendedores.

↑ Cuando hayas rescatado al pequeño y estéis fuera de peligro, comprueba sus vías respiratorias, su respiración y su pulso. Si lo consideras necesario, hazle el boca a boca.

↑ Si tiene alguna lesión en el ojo, llévale de inmediato a un servicio de urgencias.

↑ Si el niño vomita, límpiale la boca y la garganta envolviéndote los dedos con un trozo de tela.

↑ Aunque parezca que el niño está bien, llévale al médico.

"La ingestión de pequeñas pilas de botón procedentes de relojes de pulsera, calculadoras, etc., no suelen crear problemas salvo que queden enclavadas en el esófago o estén abiertas y sean nuevas."

JOSEPH BRAS, PEDIATRA

Cosas que no debes hacer:

● Si el niño está inconsciente, no le administres nada por vía oral.

● No intentes neutralizar la sustancia tóxica con zumo de limón, vinagre o cualquier otra sustancia o remedio casero.

● No le provoques el vómito: si la sustancia le ha quemado la garganta al entrar, se la volverá a quemar al salir.

● No esperes a que se presenten los síntomas; si sospechas que el niño ha ingerido alguna sustancia tóxica, llévalo al médico.

Algunas medidas preventivas:

✹ Todos los medicamentos y todas las sustancias tóxicas de tu casa deben estar fuera del alcance de los niños y, a poder ser, encerrados bajo llave.

✹ No le dejes tocar o comer plantas que no conozcas.

✹ Explícale lo que son las sustancias tóxicas y el daño que le pueden hacer.

✹ No guardes nunca una sustancia química en un recipiente para alimentos: alguien podría confundirse.

A TENER EN CUENTA:

★ Si encuentras restos de alguna sustancia química cerca del niño o tirados por el suelo, aunque no le hayas visto ingerirla, coge al niño y llévalo a urgencias.

★ Cualquier precaución es poca ya que las ansias investigadoras del niño le llevarán a curiosear por todos los rincones de la casa.

¿Amenazas o recompensas?

¿Cómo funcionas tú mejor? Cuando tu jefe te amenaza con bajarte el sueldo o cuando te ofrece algún incentivo, tipo el que consiga este proyecto tendrá tres días adicionales de vacaciones? Mucho mejor con un incentivo, ¿verdad? Pues a tu hijo le pasa igual. Si no te obedece o no cumple con sus obligaciones es normal que te desesperes. Nos pasa a todos. Piensa, no obstante, que a lo mejor no te obedece porque está demasiado absorto en el juego o completamente ensimismado en un nuevo descubrimiento, de modo que no te oye o no entiende tu insistencia. Si le obligas a hacer algo por la fuerza, es decir, si te pones a su nivel, no conseguirás nada positivo. Resulta mucho más útil utilizar un sistema de recompensas que le motive, una especie de competición que le atrape tanto o más que sus distracciones. No se trata de sobornarle ni de corromperle, sino de conseguir que sus obligaciones y su aprendizaje resulten más amenos y emocionantes. Eso no significa que tengas que plantearlo todo y en todo momento como un juego o un desafío. Hay momentos para todo. Y a veces basta con darle la vuelta a la tortilla para obtener mejores resultados. He aquí algunas ideas que puedes probar con tu pequeño:

Ideas prácticas para motivarle:

● Confecciona una tabla y compra pegatinas plateadas en forma de estrella. Explícale a tu hijo que cada vez que haga algo bien, por ejemplo recoger la habitación antes de cenar o lavarse los dientes solito, le concederás una estrella que él podrá pegar en la tabla. Escoge tres o cuatro cosas que le cuesten especialmente y conviértelas en actividades que permiten conseguir puntos. Puedes cambiar las actividades cada cierto tiempo e irlas complicando a medida que crezca. Cuando tenga un número determinado de estrellas podrá hacer algo especial: ir a la biblioteca y escoger un libro o una película para llevarse a casa y verla el fin de semana, comer unos churros con chocolate, tomarse una piruleta, etc.

● Cuando el niño sea un poco más mayor, sustituye las estrellas por los puntos. Cuando alcance una cantidad determinada de puntos, por ejemplo 30 pun-

tos, conseguirán una recompensa: invitar a un amiguito a jugar el domingo por la tarde, ir a una piscina de bolas, etc. Fija la recompensa, las actividades que permiten conseguir puntos y los puntos que se ganan con cada actividad de antemano.

● Si hay algún aspecto concreto que debes trabajar con él, por ejemplo si le cuesta irse a la cama, prémiale con una par de sobre de cromos cada vez que lo haga bien y se acueste sin rechistar. Seguro que hay alguna colección de cromos que está de moda y le apetece hacer.

● Cuando haga algo bien, valóraselo y refuérzalo en positivo: "Has puesto la mesa solito, que orgullosa estoy de ti". Cuando lo haga mal, intenta no reñirle: "Bueno, hoy no se te ha dado demasiado bien lo de recoger la habitación; seguro que mañana lo haces mejor. (Nota: si algún día te desesperas y le riñes, tampoco pasa nada; es algo perfectamente normal. Los superpapás perfectos no existen.)

> "Mientras más sensatamente trate usted a su hijo, menos necesidad tendrá de castigarlo; y mientras menos frecuentes sean los castigos, menos necesidad habrá de que sean severos para que surtan efecto."
>
> ABRAHAM DAYÁN NAHMAD, NEURÓLOGO Y PEDIATRA

A TENER EN CUENTA:

⭐ Siempre es mejor plantear las cosas en positivo que en negativo; de todos modos, cada niño es un mundo y tendrás que averiguar qué cosas funcionan mejor con tu hijo.

● Si crees que se merece un castigo porque ha tenido una mala conducta, mándale a su habitación y dile que se quede ahí pensando en lo que acaba de hacer. Explícale que cuando se haya calmado y esté dispuesto a comportarse bien podrá salir de la habitación y volver al salón.

● Si alguna vez le amenazas con algo, luego cúmplelo. De lo contrario te perderá el respeto y luego te costará mucho más imponerte.

La primera visita al dentista

Si quieres que tu hijo disfrute de una buena salud dental, es importante que le lleves al dentista de forma periódica y desde muy temprana edad. No tienes que llevarle únicamente cuando adviertas una caries en el niño o cuando este se queje de que le duele un diente. En cuestiones de salud, la prevención es siempre muy importante.

¿Cuándo hay que llevarle al dentista por primera vez?

En el año 2007, tres sociedades odontopediátricas realizaron una encuesta sobre la salud bucal de los preescolares. Y descubrieron que el 26,2% de los niños menores de 4 años tenían alguna caries. Así pues, es aconsejable que la primera visita al pediatra se produzca como muy tarde alrededor de los tres años de edad, momento en que nuestro pequeño ya tendrá las veinte piezas dentales iniciales, las que salen con la erupción primaria. A partir de ese momento, y si no hay ningún problema, deberá realizarse una revisión anual. Si el dentista detecta algún problema deberás volver antes.

¿Qué le hará el dentista en la primera revisión?

Es importante que le expliques al niño quién es el dentista y qué va a hacerle, para que no coja miedos infundados ni lo pase mal innecesariamente. En la primera visita:

- Le mirará todos los dientes y las encías.
- Buscará posibles caries.
- Evaluará la existencia de posibles problemas: mordida cruzada, dientes torcidos, etc.
- Le enseñará a cuidar de sus dientes y a lavárselos correctamente.

¿Cómo puedo prevenir las caries?

- Desde que nazca hasta que le salgan los primeros dientes: después de cada toma, pasa una gasita humedecida con agua por sus encías.
- Cuando ya tenga dientes: empieza a limpiárselos con un cepillo suave para bebés (todavía no le pongas pasta dentífrica; podría tragársela).
- A partir de los dos años: empieza a poner pasta dentífrica en el cepillo de dientes de tu pequeño. Su preferida será la que tiene sabor a fresa; es importante que sea específica para niños, es decir, con bajo contenido en flúor.
- No mojes su chupete en azúcar, leche condensada, etc.
- No dejes que chupe el biberón de forma prolongada.
- Ves adaptando la pasta dentífrica y los cepillos a medida que crezca: los hay específicos para cada edad.

"Si al niño se le cae un diente a causa de un golpe, trate de parar la hemorragia con una gasa y acuda al odontólogo. Los dientes temporarios no se reimplantan."

DOCTORA LUCÍA BLANCO, ESPECIALISTA EN ENDODONCIA Y TRAUMATOLOGÍA BUCAL

● Renueva el cepillo de dientes cada seis meses aproximadamente.
● Controla la cantidad de bollos y de chucherías que toma tu hijo.
● Enséñale a lavarse bien los dientes.

 ## ¿Qué más hacen los dentistas?

Se encargan de sellar las muelas de los seis años, alrededor de esa edad. El objetivo es que dichas piezas estén más protegidas. Es importante que antes de ir al dentista el niño se lave los dientes a conciencia, para que no quede ningún resto de comida dentro del sellado.

Si alguna pieza de leche se resiste a caer y resulta molesta para el niño, puede acabar de desprenderla del todo.

Se encargan de sellar las muelas de los doce años: alrededor de esa edad. Si hay alguna caries, se encarga de ponerle remedio.

Si el niño necesita algún tipo de aparato para corregir algún defecto bucal, te informará y te remitirá al especialista.

A TENER EN CUENTA:

★ Un buen cepillado debe durar alrededor de dos minutos. Lo ideal es cepillarse los dientes después de cada comida.

Técnica para un buen cepillado:

- Utiliza una cantidad pequeña de pasta de dientes.
- Usa un cepillo dental suave, apropiado para tu edad.
- Cepilla primero la parte posterior de cada diente: mueve el cepillo de abajo a arriba en los dientes inferiores; y de arriba abajo en los superiores.
- Cepilla luego la parte exterior de cada diente; cepilla de abajo arriba en los dientes inferiores; y de arriba abajo en los superiores.
- Después cepilla la parte superior de los dientes; hay que llegar a los que están más atrás.
- Finalmente cepilla la lengua: para eliminar las posibles bacterias.

Mi pequeña ha pegado a su hermana

Lo primero que debes saber es que es perfectamente comprensible que un niño sienta celos con la llegada de un hermanito. Todos los niños anhelan el amor y la atención exclusivos de sus padres, todos quieren ser amados al máximo. De modo que ante la posibilidad de perder esa exclusividad, de perder el afecto y la atención de sus padres, se sienten perdidos e inseguros. Es entonces cuando surgen los celos. Imagínate que tu pareja llegara un buen día y te dijera que te va a traer a otra mujer a casa, que así lo pasaréis mejor y que todo va a ser maravillosos. ¿Cómo te sentirías? Pues piensa que así es probablemente cómo se siente tu hijo.

Así pues, tu hijo necesita ayuda tanto si no se muestra celoso en ningún momento como si lo está constantemente. En el primer caso, es posible que no se sienta lo suficientemente seguro como para expresar sus verdaderos sentimientos; en el segundo debes tratar de reducir el número de situaciones que los causan y trabajar con él ese sentimiento cuando surja.

> "Los celos son la evidencia de la fragilidad y la omnipotencia del que los padece. En la infancia pueden gobernar gran parte de la afectividad, pues el niño busca asegurarse un espacio en la vida afectiva de sus padres y no sentirse amenazado por los demás hermanos."
>
> LUPE MAESTRE, PSICÓLOGA

Mi pequeña ha pegado
a su hermana
Susan Benjamin

Manifestaciones más frecuentes de los celos:

Entre las conductas más habituales para llamar la atención, ya sea de forma consciente o inconsciente, se encuentran las siguientes:

● Regresiones: el niño vuelve a hacerse pis en la cama, a hablar con lengua de trapo, a querer que le des de comer, a reclamar el chupete, etc.
● Desobediencia, oposición o negativismo hacia la autoridad paterna.
● Tristeza: se muestra más sensible y llorón ante cualquier contratiempo.
● Conductas explícitas de rechazo hacia el nuevo hermanito: a veces pueden ser agresivas y violentas.
● Somatizaciones: dolor de tripa, dolor de cabeza, etc.

¿Qué puedo hacer para ayudarle?

✳ Ignora las conductas negativas recurrentes con las que tu hijo intenta llamar tu atención.
✳ Demuéstrale cariño y aprobación cuando se comporte como un "hermano mayor de verdad", y cuando demuestre verdadero interés o se esfuerce por superar sus celos.
✳ Cuando tenga una conducta que no te parezca adecuada, enséñale a pedir perdón, pero sin humillarle, con tranquilidad y sin mostrarte agresivo. Debe entender que no conseguirá nada con ese tipo de conductas, que no hay nada que las justifique y que debe aprender a controlarse y reprimirse. Explícale siempre por qué le castigas. Déjale claro que ha hecho algo que está mal pero que tu no crees que sea malo.
✳ Resérvate un rato especial para estar con tu hijo mayor y dedicarle toda tu atención de forma exclusiva.
✳ Si reclama tu atención pero justo en ese momento no puedes estar por él, explícaselo: "Ahora mamá no puede estar contigo, lo siento. Pero dentro de un

rato jugaré contigo a las construcciones". No olvides cumplir tu promesa.

✳ Evita hacer comparaciones entre los hermanos. Cada hijo es diferente y tiene sus propias necesidades y cualidades. Intenta que entienda que ser diferente no implica ser ni mejor ni peor.

✳ No le consientas cosas que antes no le permitías. Cuando tenga una rabieta debes actuar del mismo modo que antes de que naciera el hermanito.

✳ Evita frases del tipo "tu hermano es más pequeño y me necesita más"; pensará que si empieza a comportarse como si fuera más pequeño recibirá más atención.

✳ No hables de los celos delante del niño.

✳ Déjale participar en el cuidado del hermanito: seguro que hay algo que pueda hacer.

✳ Cuando en la calle la gente se pare a ver el hermanito, haz algún comentario sobre el mayor, para que la gente también le dedique algo de atención.

¿Cuándo suelen aparecer?

Los celos pueden aparecer y desaparecer en distintos momentos. Normalmente aparecen al principio,

Mi pequeña ha pegado
a su hermana
Susan Benjamin

cuando el hermanito llega a casa desde el hospital. Cuando el niño entiende que sus papás le siguen queriendo la situación suele normalizarse. Pero al año más o menos, cuando el hermanito empieza andar, a decir las primeras palabras y a hacer las primeras gracias, es decir, cuando pasa de ser un "juguete" a ser un "rival", los celos suelen reaparecer. No debes asustarte, sigue siendo algo normal. Lo importante es que estés preparada y que le ayudes a superarlo.

Cuentos infantiles que tratan el tema de los celos:

Los cuentos pueden ser una herramienta muy útil para tratar este tema. Con ellos tu hijo entenderá por qué siente lo que siente y descubrirá que no tiene porque ver a su hermanito como un enemigo, sino como un futuro compañero de juegos con quien podrá pasárselo genial. A continuación encontrarás una selección de ellos:

* *¿Me quieres o no me quieres?* Carl Novac y Claude K. Dubois (Ed. Corimbo)
* *Ana no quiere crecer.* Colección "Cuentos para sentir" (Ed. SM)
* *Bebé Abubé.* Stephanie Blake (Ed. Corimbo)
* *Cuando estoy celoso.* Trace Moroney (Ed. SM)
* *Peluso.* Gloria Sánchez (Ed. Edelvives)
* *Yo soy el mayor.* Colección "Cuentos para sentir" (Ed. SM)
* *Cuando tengo celos.* R.W. Alley (Ed. San Pablo)
* *Un intruso en la habitación* (Ed. La Galera)
* *Cuando nace un hermanito* (Ed. San Pablo)

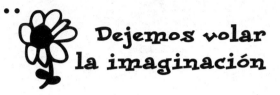

Dejemos volar la imaginación

Los cuentos son una herramienta fundamental para el desarrollo intelectual del niño, ya que por medio de ellos puede empezar a comprender el mundo que le rodea y a las demás personas. Los cuentos sirven para despertar su interés por la ciencia, la naturaleza, la historia y el ser humano. Además, estimulan su sensibilidad artística y literaria, y desarrollan su espíritu crítico. Es por eso que los cuentos deben formar parte de la vida de tu hijo. Cuando pienses en comprarle algo, porque se acerca su cumpleaños o las navidades, no olvides incluir un cuento apropiado para su edad entre sus regalos.

> "Los cuentos son ideales para ayudarnos a consolidar la imaginación y el desarrollo de la capacidad reflexiva."
>
> MariCarmen Bixquert García,
> ESPECIALISTA EN PEDAGOGÍA

¿Qué beneficios tienen los cuentos?

● Estimulan el lenguaje y la imaginación: dos herramientas que le serán muy útiles en el futuro.

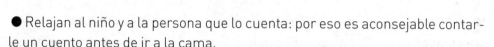

● Relajan al niño y a la persona que lo cuenta: por eso es aconsejable contarle un cuento antes de ir a la cama.

● Refuerzan el vínculo afectivo entre el niño y su progenitor: viviréis momentos muy dulces e intensos.

● Desarrollan la capacidad de reflexión del niño.

● Le ayudan a comprender lo que está bien y lo que está mal.

● Le transmiten valores.

● Fomentan el amor por la lectura: de mayor podrá pasar ratos muy agradables y emocionantes leyendo.

● Amplían sus conocimientos generales.

● Abren su mente y la estimulan.

 ## Cómo debe leerse en cuento:

✻ Escoge un buen momento, en que a los dos os apetezca y estéis tranquilos.

✻ Sentaros en un lugar en el que estéis a gusto, para disfrutar a tope del momento.

✻ Elige un cuento apropiado para su edad. Si el niño es lo suficientemente mayor, deja que lo escoja él.

✻ Léelo con todo el cariño y la dedicación del mundo: si consigues que se entusiasme le estarás contagiando el amor por la lectura.

✻ Pon una voz distinta a cada personaje e intenta transmitir emoción. Si lo lees sin ganas y de cualquier manera harás que pierda toda la magia.

✻ Al final añade eso de "y colorín colorado este cuento se ha acabado" o "colorín colorete, por la chimenea salió un cohete" o "charquito a charquito, ya se fue este cuentito".

✻ Cuando termines pregúntale si le ha gustado. Si es un poco más mayor pregúntale qué personaje o qué trozo le ha gustado más, y si lo ha entendido.

✻ Pregúntale si quiere añadir algo o si quiere preguntarte algo sobre el cuento.

✻ Dale un beso y dile que te ayude a guardarlo en su sitio.

Otras ideas:

● Cuando acabes de leerle el cuento, pídele que haga un dibujo sobre él.

● Llévale a la biblioteca de tu barrio, a la sección para niños. Enséñale las estanterías llenas de cuentos, pídele que escoja uno y léeselo. Si tiene servicio de préstamo, deja que elija uno para llevárselo a casa.

● Llévale a un cuentacuentos: en las bibliotecas y en los centros culturales suelen organizar este tipo de actividades los sábados por la mañana.

● Prueba a leerle un cuento con música clásica de fondo.

● Invéntate tu algún cuento: puedes hacer que el protagonista se parezca mucho a tu hijo.

● Representa algún cuento sencillo con marionetas de dedos.

● Llévale a ver espectáculos de títeres o marionetas apropiados para su edad.

● Cuando sea un poco más mayor, anímale a inventarse un cuento.

A TENER EN CUENTA:

★ Los cuentos te permiten trabajar temas difíciles, como los celos, el miedo a la oscuridad o la supresión del pañal, de un modo creativo y eficaz.

¿Se debe operar el frenillo lingual?

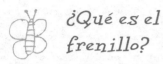

¿Qué es el frenillo?

El frenillo de la lengua es una membrana elástica que se encuentra justo debajo de esta y la une a su base. A veces es excesivamente corto y dificulta la movilidad de la lengua. Antiguamente solía intervenirse de forma sistemática, pero hoy en día los especialistas prefieren esperar unos meses y observar la evolución del mismo. Este cambio se debe por un lado a que consideran que la intervención quirúrgica puede influir negativamente en el desarrollo y formación de la boca; por otro a que saben que el tejido sublingual en muchos casos se flexibiliza y mejora con el uso y el paso del tiempo, de modo que el problema acaba solucionándose por sí solo.

Casos en los que sí es precisa una intervención quirúrgica:

En realidad la intervención quirúrgica es necesaria en muy pocos casos. Por regla general no se realiza hasta que el bebé cumple un año, aunque en algunos casos especialmente severos puede llegar a practicarse alrededor de los nueve meses de edad. Mientras llega ese momento, si el niño tiene problemas para succionar el pecho de la madre, se le puede alimentar con biberones de leche materna, que extraeremos previamente con un sacaleches, o de leche de fórmula. A continuación aparecen detallados los casos en los que se realiza la intervención:

● Lactantes o bebés que al empezar a introducir alimentos sólidos en su dieta presentan problemas para alimentarse y succionar.
● Niños en los que las limitaciones de movilidad de la lengua no mejoran con el paso del tiempo: siguen sin poder tocarse el labio superior con la punta de la lengua o esta ni siquiera sobresale de los dientes y encías.
● Niños que presentan trastornos en el habla: cuando el niño empieza a hablar tiene dificultad para pronunciar los sonidos en los que la lengua debe le-

vantarse y contactar con el paladar, tales como la "r", la "rr" o la "l". En estos casos debe realizarse una valoración minuciosa, ya que en muchas ocasiones la dificultad para pronunciar sonidos se debe a otras causas, por ejemplo a una mala colocación de la lengua, a problemas de tipo psicológico, etc.

● Niños en los que la punta de la lengua pierde la forma redondeada y parece tener una hendidura en forma de "v" porque el frenillo tira demasiado de ella.

● Niños que muestran incapacidad para tocar un instrumento de viento, porque la falta de movilidad de la lengua provoca el uso incorrecto de la boquilla.

● En el caso de la tartamudez la intervención puede empeorar los síntomas.

¿En qué consiste la intervención quirúrgica?

Es una intervención ambulatoria que se denomina frenectomía y consiste en realizar un corte en el frenillo. Suele realizarse con anestesia general. Nor-

> "El frenillo lingual se presenta en raras ocasiones pero merece la atención de padres y pediatras, para evitar problemas de alimentación o restricciones en el habla en edades más avanzadas. El diagnóstico debe ser realizado siempre por un médico."
>
> SOFÍA MONTOYA, ESPECIALISTA EN TEMAS PEDIÁTRICOS

¿Se debe operar
el frenillo lingual?
Susan Benjamin

A TENER EN CUENTA:

★ La decisión debe tomarla siempre un especialista tras haber realizado una valoración minuciosa del bebé.

malmente dura unos 10 minutos y no presenta complicaciones. A veces puede provocar la inflamación de la lengua, o sangrado, infección y daño en los conductos de las glándulas salivales. No requiere puntos de sutura ya que el frenillo es una membrana de constitución fibrosa y sin vasos sanguíneos. No suele ser demasiado dolorosa. Tras la intervención la deglución suele resultar más sencilla, pero los problemas de pronunciación no siempre se solucionan. Por eso el especialista suele recomendar dos meses de tratamiento logopédico. Este tratamiento consistirá en una serie de ejercicios linguales cuyo objetivo es la recuperación del tono muscular y la movilidad normal de la lengua. Es posible que el logopeda te explique algunos ejercicios sencillos, para que los realices con tu hijo en casa y la recuperación sea más rápida.

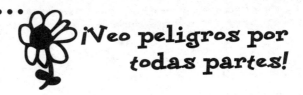

¡Veo peligros por todas partes!

Según un estudio realizado por el Ministerio de Sanidad y Consumo, un 4% de los españoles sufre algún accidente doméstico a lo largo de su vida. Los expertos destacan además que los niños son uno de los grupos más propensos a sufrir este tipo de accidentes. Así pues, aunque te parezca que tu recién nacido es todavía muy pequeño, te aconsejo que aproveches los meses de la baja maternal para ir convirtiendo tu hogar en un lugar seguro donde tu hijo pueda desarrollarse e investigar libremente sin correr demasiado peligro.

Principales accidentes domésticos:

✳ Las intoxicaciones: según el Instituto Nacional de Toxicología, los productos tóxicos más ingeridos por los niños son los medicamentos. Les siguen los productos de limpieza, los cosméticos y los productos del hogar. En un 90% de los casos la sustancia se ingiere por vía oral. Los niños más afectados por este tipo de accidentes son los menores de 3 años.

✳ Las quemaduras: provocadas principalmente por algún líquido muy caliente o por la plancha.

✳ Las caídas: desde la cama o el cambiador, o a causa de las escaleras o los escalones (por ejemplo en un salón a doble altura).

Medidas de seguridad aconsejadas:

● Utiliza protectores para los enchufes de casa a los que el niño pueda llegar.

● Si tu casa tiene escaleras, coloca una barrera protectora tanto al inicio como al final de la misma, para impedir que pase.

● Coloca protectores en los cantos de las mesas y de otros muebles: suelen quedar justo a la altura de su cabeza cuando empieza a andar.

● Retira los objetos peligrosos de las estanterías y mesitas a las que llegue.

● Guarda fuera del alcance del niño, incluso bajo llave, todos los productos de limpieza, los medicamentos y cualquier otra sustancia tóxica que tengas en casa.

- Si tienes una piscina, un pozo o una balsa en casa, vállala para impedir el acceso.
- Si está muy a mano, cierra la llave del gas cuando no estés cocinando.
- Coloca un protector de encimeras para que el niño no pueda acceder a los fuegos.
- Cuando esté el niño cerca, utiliza los fuegos que están más alejados del borde y coloca las asas hacia dentro, para que no pueda llegar a ellas.
- Guarda las bebidas alcohólicas en un mueble bar fuera del alcance del niño.
- Guarda el tabaco, los mecheros y las cerillas en un lugar alto al que no pueda acceder.
- No dejes a mano bolsas de plástico, ya que podría asfixiarse con ellas.
- No dejes a su alcance cosas pequeñas que pueda meterse en la boca, tales como monedas, botones, etc.
- Mantén la tapa del inodoro cerrada.
- Usa alfombras antideslizantes.

"La cocina es el lugar más peligroso y conflictivo de la casa, el lugar donde se producen la mayoría de accidentes domésticos (heridas incisas, quemaduras, intoxicaciones, etc)."

DOCTOR MATEU SANCHO

● Retira los muebles auxiliares, tales como mesitas y percheros, que no sean estables y puedan derribarse con facilidad.

● Guarda los cuchillos y los objetos cortantes en un cajón alto al que el niño no tenga acceso.

● No dejes nunca la plancha enchufada.

● Deja las bebidas calientes lejos del borde de la mesa o superficie de trabajo.

● Utiliza seguros para ventanas, para impedir que pueda abrirlas.

● Coloca bloqueadores en las puertas, para evitar que se pille los dedos.

Otras medidas útiles:

✹ No dejes nunca a tu hijo solo en una habitación mientras sea pequeño.

✹ No dejes a tu hijo nunca solo en la bañera: podría ahogarse.

✹ Enséñale a nadar cuanto antes: tendrá menos probabilidades de ahogarse.

✹ En la piscina y en la playa vigílale siempre de cerca.

✹ Enséñale que no debe entrar en el agua de forma brusca, sobre todo después de comer.

A TENER EN CUENTA:

★ En las tiendas de puericultura y especializadas venden todo tipo de artilugios para conseguir que tu casa sea más segura.

¡Veo peligros por todas partes!
Susan Benjamin

✳ No le dejes jugar cerca de una ventana, de un balcón o de las escaleras: el riesgo de sufrir un accidente es mucho más alto.

✳ Cómprale únicamente juguetes que cumplan la normativa; comprueba que no contengan piezas pequeñas.

✳ No cocines, ni planches, ni uses ningún aparato eléctrico con el niño en brazos.

✳ Extrema las precauciones cuando tu hijo empiece a gatear o andar: para él todo resultará nuevo e interesante.

✳ Extrémalas también si tu hijo es especialmente curioso o atrevido.

¡Al agua patos!

La natación es una de las prácticas deportivas más completas que existen y la primera que el niño puede practicar, incluso antes de aprender a andar o gatear. Con ella se trabajan y ejercitan los músculos, la coordinación motora y el sistema circulatorio y respiratorio. Pero además este deporte favorece el desarrollo de la independencia y la autoconfianza del niño.

La matronatación:

La matronatación es una actividad que se realiza en una piscina poco profunda y que busca la estimulación acuática por medio de una serie de juegos que permiten que el niño se familiarice con el agua y aprenda a flotar y moverse con la ayuda de papá y mamá. Es muy beneficiosa para los bebés ya que mejora sus capacidades cardiorrespiratorias, favorece su alineación postural y beneficia su coordinación muscular, desarrollando sus capacidades sensoriales y psicomotrices.

> "El agua es un instrumento de enriquecimiento básico del niño desde los primeros meses de vida extrauterina."
>
> J. Antonio Hernández, especialista en la disciplina de la natación

¡Al agua patos!
Susan Benjamin

La matronatación puede iniciarse alrededor de los cuatro meses, edad en la que termina de madurar el sistema inmunológico del bebé y el riesgo de padecer una otitis o de coger un resfriado es menor. Hasta los seis o siete meses, el bebé se baña en los brazos de papá o mamá. Te garantizo que la actividad resulta muy gustosa y relajante para los dos. A partir de los seis o siete meses el niño puede empezar a hacer cosas solito o con la ayuda de una burbuja o unos manguitos, aunque siempre seguido muy de cerca por papá o mamá.

Las sesiones deben durar unos 20 minutos cuando el niño tiene entre cuatro y nueve meses, y un máximo de 45 minutos desde los diez meses a los 3 años. A partir de los tres o cuatro años el niño puede empezar a realizar cursos de natación específicos para peques, porque a partir de esa edad el aparato locomotor ya está lo suficientemente desarrollado como para aprender a nadar.

Para realizar las sesiones de matronatación es importante que el agua esté climatizada especialmente para bebés, a unos 32°C, y bien limpia.

Beneficios físicos de la natación

☀ La natación mejora la coordinación, el equilibrio y el conocimiento del espacio.

☀ Resulta beneficiosa para la coordinación cardiovascular y mejora la resistencia del bebé.

☀ Ejercita la musculatura y ello aumenta su fuerza y favorece el desarrollo de habilidades motrices tales como el gateo o el andar.

☀ Los ejercicios suaves realizados en el agua templada relajan al bebé y estimulan su apetito. Eso hace que coma y duerma mejor, y que su carácter y su comportamiento mejoren también.

☀ Aumenta la capacidad de su sistema respiratorio y regula de forma adecuada su circulación sanguínea.

Beneficios psicológicos

● El bebé coge seguridad.

● Disfruta mucho aprendiendo a nadar, porque siente que su mamá o su papá están completamente pendientes de él sin distracciones ni interrupciones.

● Aumenta su sentimiento de independencia y de autoconfianza: en el agua se puede desplazar por sí mismo y eso estimula su inteligencia porque coloca al bebé en el camino del aprendizaje.

● El bebé aprende a nadar de una forma divertida y saludable. Y saber nadar es también una medida de seguridad, ya que por desgracias son muchos los niños que se ahogan todos los años por accidente.

● Estimula la confianza en sí mismo y por tanto mejora la comunicación con los demás.

Beneficios sociales

✹ Ayuda al bebé a empezar a socializar sin traumas.

✹ Activa la diversión y el espíritu de juego.

A TENER EN CUENTA:

★ Cuanto antes aprenda a nadar y a defenderse en el agua tu pequeño, menos probabilidades tendrá de ahogarse.

¡Al agua
patos!

Susan Benjamin

☀ Amplia el horizonte de los juegos compartidos.

☀ Consolida los vínculos afectivos con mamá y papá.

☀ Introduce conductas de autocuidado, convirtiéndolas en hábitos sumamente necesarios.

☀ La convivencia le ayuda a relacionarse mejor y a compartir actividades junto a otras personas.

¿A qué se debe la luxación de cadera?

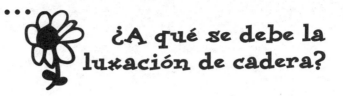

La luxación congénita de cadera es un defecto de la articulación formada por la cabeza del fémur (el hueso del muslo) y la cavidad de la pelvis que la acoge (acetábulo). Cuando estas dos partes articulares no encajan perfectamente, existe la posibilidad de que la cabeza del fémur se desplace hacia arriba, sobre todo cuando el pequeño empieza a ponerse de pie y a dar sus primeros pasos. Es muy importante diagnosticar el problema de forma precoz, ya que si no se corrige de inmediato esta anomalía puede provocar lesiones en los huesos y asimetría en las extremidades inferiores. Por ello actualmente se efectúa un examen rutinario en el momento de nacer y una ecografía de cadera a las pocas semanas de vida.

Tipos de luxación congénita de cadera:

● **Displasia:** la cadera está bien situada pero es luxable debido a una alteración en la estructura del acetábulo. Es el tipo más frecuente.

> *"Existen tres grados de displasia de cadera: subluxable, luxable y luxada. Esta última, la más grave, es la que siempre descubre el pediatra en la sala de parto."*
>
> PEDRO BARREDA, PEDIATRA

¿A qué se debe la
luxación de cadera?
Susan Benjamin

● **De presentación rara:** la cadera está algo luxada pero se puede recolocar en su sitio fácilmente.

● **Luxación completa:** la cadera está totalmente luxada y no puede reducirse. Es la menos habitual.

Maniobras o exámenes previos:

Maniobra de Ortolani: movimiento que consiste en flexionar y separar suavemente los muslos del pequeño para comprobar que la articulación no salta, sino que recupera su posición normal. Este examen se realiza en el momento de nacer.

Maniobra de Barlow: movimiento inverso al de la maniobra de Ortolani que permite comprobar si el fémur sale de su localización habitual o no. Este examen se realiza junto con el anterior.

Ecografía de cadera: método de diagnóstico seguro y no agresivo, muy aconsejable como medida de control. Permite ver si la cabeza del fémur está perfectamente centrada respecto a la pelvis o no. Se realiza a las pocas semanas de vida.

Radiografía: se realiza a los 3 o 4 meses de edad, cuando existen dudas acerca del diagnóstico y no se ha realizado la ecografía de cadera.

¿Qué medidas correctoras debes aplicar?

Los lactantes están poco formados desde el punto de vista óseo, de modo que las medidas correctoras serán altamente eficaces.

✺ **Usa un separador:** es un aparato ortopédico que mantiene la extremidad inferior en una posición correcta respecto a la pelvis. La forma del separador y el tiempo que debe llevarse varían según el grado de displasia.

✺ **No le dejes andar hasta que la cadera esté completamente curada:** en los casos más graves no se cura hasta los 18-24 meses de vida. El retraso en la

deambulación no debe preocuparte, ya que no perjudicará su desarrollo motor.

 ## Factores que aumentan la probabilidad de sufrir esta dolencia:

● El sexo: las niñas son más propensas que los niños.
● Número de hijos: el primogénito tiene más probabilidades de padecerla.
● Tipo de parto: los niños que nacen por cesárea o que se presentan de nalgas parecen ser más propensos.
● Líquido amniótico: a menor cantidad de líquido amniótico, mayor propensión a sufrirla.

¿TODOS LOS CASOS TIENEN SOLUCIÓN?

★ Si el diagnóstico es inmediato y se adoptan en seguida las medidas correctoras, el problema se soluciona en un 98% de los casos. Si por el contrario la displasia se diagnostica cuando el pequeño ya ha empezado a andar, habrá que inmovilizar la extremidad y, en muchos casos, recurrir a una intervención quirúrgica que no garantiza una recuperación completa.

★ El diagnóstico precoz de la displasia congénita y la adopción inmediata de las medidas correctoras apropiadas evitan que llegue a producirse una luxación.

¿Qué filtro solar debo usar para mi pequeña?

El sol es sano tanto para la piel como para el organismo en general, pero solo si se toma de forma moderada. Los niños pequeños, en especial los que tienen la piel muy blanca, son muy sensibles al sol y al calor, de modo que en verano, sobre todo cuando vayamos a la playa o estemos al aire libre, debes extremar las precauciones. Lo ideal es empezar de forma gradual y escogiendo las horas de menos calor, es decir, a primera hora de la mañana o por la tarde, cuando el sol ha empezado a descender.

Algunos consejos que pueden serte útiles:

✳ Cuando estés en la playa, ponle a tu hijo una camiseta, incluso mientras se baña: así evitarás que se queme la piel.

✳ Ponle un gorro de tela fresca, preferiblemente de algodón: para que el sol no le dé directamente en la cabeza.

"Cuando haga mucho calor, no debes mojarle la cabeza a tu hijo y luego ponerle un gorro también mojado para cubrirle la cabeza: disminuirías la posibilidad del organismo de eliminar calor por la cabeza debido al aumento de la humedad local."

OSCAR TROTTA, PEDIATRA

✳ No te quedes en la playa durante muchas horas: piensa que debajo de la sombrilla también hace calor y que los rayos se reflejan tanto en la arena como en el agua.

✳ Baja a la playa antes de las 12 horas de la mañana o a partir de las 17 horas de la tarde: nunca le expongas al sol en las horas centrales del día, es decir, de 13 a 16 horas.

✳ Antes de ir a la playa por la tarde, intenta que tu pequeño haga una buena siesta en un lugar fresco.

✳ Compra una buena crema protectora, con un filtro solar alto y resistente al agua. Aplícasela tantas veces como sea necesario.

✳ Ofrécele agua con frecuencia, para evitar que se deshidrate: cuando hace calor los niños pequeños sudan mucho y por tanto debes ayudarle a reponer el líquido perdido.

Algunos inconvenientes del exceso de sol:

El bronceado no es sinónimo de salud, por mucho que te cueste creerlo. De hecho, un exceso de sol puede ser terriblemente perjudicial. Veamos algunas de sus consecuencias negativas:

● Envejecimiento prematuro de la piel: aparición de arrugas, manchas, etcétera.
● Mayor predisposición a sufrir un cáncer de piel.
● Quemaduras más o menos graves con el consiguiente deterioro de la piel.
● Insolaciones.

¿Qué es una insolación?

Es la elevación de la temperatura corporal por encima de lo normal, entre los 39,4 y los 41°C, durante períodos de 10 a 15 minutos. Puede dañar gravemente el organismo.

A TENER EN CUENTA:

★ Las insolaciones son muy peligrosas cuando se trata de niños pequeños.

 ## Síntomas de la insolación:

- Mareo.
- Confusión.
- Sudoración excesiva al principio y ausencia de sudoración posterior.
- Enrojecimiento y sequedad de la piel.
- Fiebre: superior a 39,4°C.
- Desorientación.
- Comportamiento no adecuado.
- Aceleración del ritmo cardíaco con latido débil.
- Dolor de cabeza.
- Inconsciencia.
- Ataques.
- Coma.

EL NIÑO DE LOS 2 A LOS 3 AÑOS

Yo tengo pene y tú vulva

Primero el niño descubre el placer de chuparse el dedo u otros objetos: está en la fase oral. Luego descubre el placer que puede experimentarse durante las deposiciones: está en la fase anal. Y finalmente, a partir de los dos años más o menos, el niño descubre sus órganos genitales y se interesa por su manipulación y exhibición. Y se da cuenta también de que los órganos genitales de las niñas son distintos a los de los niños. Se trata, pues, de una etapa más dentro de su desarrollo, una etapa en la que debes ser prudente y obrar con naturalidad. Y no te angusties; pronto descubrirá otras cosas que le interesan más y sus órganos genitales pasarán a ocupar un lugar menos prominente.

¿Cómo debo reaccionar?

✳ No le digas que deje de hacer tonterías o que no está bien tocarse ahí: es absurdo emitir un juicio moral sobre un comportamiento totalmente inocente y natural. Y puede resultar contraproducente. Si tratas de reprimir sus impulsos el niño tendrá la sensación de estar haciendo algo malo y ese sentimiento de culpabilidad puede llegar a bloquear el desarrollo de su sexualidad.

✳ Explícale que ese tipo de placeres deben disfrutarse en la intimidad, que igual que uno no se orina en público, tampoco debe tocarse delante de los demás. Imponle solo límites sociales, no morales.

✳ Si te hace alguna pregunta de índole sexual, no le respondas con evasivas tipo "ya te lo explicaré cuando seas mayor" o "esas cosas no se preguntan", ya que llegará a la conclusión de que hay temas sobre los que no debe hablar contigo. Si te hace una pregunta es porque hay algo que le preocupa o porque necesita saberlo. Y si tú no se lo solucionas buscará la información en otro sitio y es posible que esta le llegue distorsionada.

✳ Cuando le hables sobre temas sexuales, debes hacerlo con naturalidad.

✳ Algunos padres creen erróneamente que hablar de sexo con sus hijos puede despertar en ellos una curiosidad malsana y dar pie a experiencias prematuras. Sin embargo, existen numerosos estudios que demuestran que hablar

de forma sincera y honesta con los hijos de estos temas contribuye a retrasar la práctica de la actividad sexual, evita conductas de riesgo y promueve una socialización sexual saludable.

✸ Usa ejemplos que pueda entender. Así por ejemplo, cuando te pregunte por qué los niños tienen pene y las niñas no, puedes decirle algo como "¿verdad que la vaca y el toro no son iguales? Pues los niños y las niñas tampoco". Con esto le bastará por ahora.

> *"Los niños y las niñas en torno a los dos años empiezan a tener curiosidad por su cuerpo; a estas edades debemos enseñar a los pequeños los correctos nombres de las partes del cuerpo."*
>
> CRISTINA LÓPEZ ORTEGO, PEDIATRA

 No sé cómo abordar el tema:

A muchos padres les cuesta hablar de temas sexuales con sus hijos, entre otras cosas porque sus padres no lo hicieron con ellos y les faltan referentes. He aquí algunos consejos:

*Yo tengo pene
y tú vulva*
Susan Benjamin

A TENER EN CUENTA:

★ La sexualidad es un aspecto importante en la vida de todo ser humano y tú puedes contribuir a que tus hijos la vivan con plenitud pero también de forma responsable.

● Dale explicaciones cortas, claras y naturales.

● No le mientas.

● Contesta solo lo que te pregunta.

● Cuando le enseñes las partes del cuerpo humano, no olvides mencionar el pene y la vulva: así les resultará más natural hablar de esas partes y aprenderán a llamarlas por su verdadero nombre.

● Usa un lenguaje y unos ejemplos apropiados para su edad.

● Aborda el tema de forma relajada: sí, ya sé que no siempre es fácil, sobre todo cuando te preguntan algo a bocajarro, pero inténtalo.

● Aprovecha cualquier oportunidad: saca el tema aprovechando el nacimiento de un bebé en la familia, cuando estudie el cuerpo humano en el colegio, etc.

● No hace falta que entres en detalles, sobre todo mientras son pequeños.

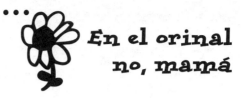

En el orinal no, mamá

El control de los esfínteres es un tema que suele preocupar bastante a los padres, pero es importante que no te obsesiones con ello. Piensa que es tan solo un aprendizaje más y que al final todo el mundo lo consigue. Lo primero que debes saber es que no existe una edad concreta para conseguir el control de los esfínteres. Depende del grado de madurez del niño. La mayoría de niños suelen conseguir el control diurno entre los dos y los tres años, y a los cuatro han adquirido ya el control nocturno. Por regla general, los niños controlan antes las heces que la orina, y las niñas suelen ser más precoces que los niños.

Tan perjudicial es intentar hacerlo cuando el niño todavía no está lo suficientemente maduro para ello como retrasarlo más de lo necesario. En el primer caso el niño puede frustrarse; en el segundo le estamos transmitiendo el mensaje de que no le consideramos capaz.

> *"La maduración natural de los esfínteres tiene lugar entre el año y los tres años, con lo cual la edad más adecuada para iniciar la educación comprende la que va de los dieciocho a los veinticuatro meses."*
>
> CRISTINA LÓPEZ ORTEGO, PEDIATRA

¿Cómo sabré que está maduro?

No hay unas reglas concretas, pero si observas a tu hijo de cerca seguro que detectas alguno de estos indicios:

✳ Su pañal está seco durante períodos de más de dos horas: si el niño ya tiene 24 meses, y te parece que podría estar maduro, comprueba durante un par o tres de días con qué frecuencia moja el pañal mirándoselo cada media hora.
✳ El niño muestra curiosidad cuando papá y mamá van al baño.
✳ El niño te avisa cuando tiene el pañal sucio.
✳ El niño intenta sacarse el pañal.
✳ El niño te pide pis o caca de forma espontánea.
✳ El niño saca el tema de forma consciente o inconsciente.

Procedimiento para quitar el pañal

Cuando creas que el niño ya está maduro, prepárale: explícale que vas a enseñarle a ir al baño como papá y mamá, que cuando note que tiene ganas de hacer pipi o caca debe avisarte y que tú le llevaras al baño y le ayudarás a hacerlo.
Asegúrate de que entiende lo que significan las palabras "pipi", "caca" e "inodoro": va a tener que usar estas palabras para avisarte.
Ponle ropa cómoda, que pueda bajarse fácilmente, y quítale el pañal durante el día.
Cada cierto tiempo pregúntale si necesita ir al baño.
Si lo hace correctamente, felicítale y celébralo.
Si no te avisa y se le escapa, dile que no pasa nada, que la próxima vez ya le saldrá mejor. Cámbiale de ropa y sigue adelante con el aprendizaje.
Cuando ya controle perfectamente los esfínteres durante el día, puedes pasar al control nocturno.

Espera a que se despierte con el pañal seco durante varios días seguidos y luego quítaselo. Las primeras noches puedes ponerle un empapador debajo de la sábana. Acostúmbrale a hacer un pipi antes de acostarse.

Algunas recomendaciones que debes tener en cuenta:

● Es importante que consigas que el niño se sienta implicado: así se mostrará más colaborador.

● Debes acompañarle y enseñarle cómo debe hacerlo.

● Hazlo en un ambiente relajado, tranquilo y comprensivo.

● Recuerda que cada niño tiene su propio ritmo: confía en su desarrollo, estimúlale positivamente y ten paciencia.

● Comprueba si tiene un horario habitual para hacer las deposiciones: puede servirte de guía.

● Observa si cuando tiene ganas de ir al baño se comporta de un modo determinado: se pone rojo, cruza las piernas, se lleva las manos al pubis, se balancea inquieto, etc. Cuando lo haga, llámale la atención para que él también se dé cuenta. Dile algo como: "me parece que tienes que ir al baño, ¿verdad?".

● Deja que vea cómo van al baño sus hermanos y sus papás: los niños aprenden por imitación.

● Intenta que lo vea como un juego: "a ver quien llega antes al baño", "a ver si sale largo o corto", etc.

● Ponle ropa muy, muy cómoda: nada de petos, ni tirantes, ni botones difíciles. Mucho mejor un pantalón con goma que el pueda bajar sin problemas que un tejano con botón y cremallera que no consiga bajar a tiempo.

● Cuando ya domine el tema, juega con él a retener y soltar la orina: así ejercitará la musculatura y luego será capaz de aguantar toda la noche sin orinar.

● Cuando se le escape, pídele que te ayude a cambiarle de ropa y dile que sabes que es capaz de hacerlo y que ya le saldrá mejor la próxima vez.

 ## Cosas que no debes hacer nunca:

- Nunca le riñas ni te enfades cuando se le escape el pipi o la caca. Está aprendiendo y no lo hace voluntariamente.
- No le compares con otros niños ni con sus hermanos.
- No hables del tema con otras personas delante del niño.
- No le fuerces a usar el inodoro si ves que le da miedo: utiliza un orinal o un adaptador para inodoros hasta que pierda el miedo.

 ## Algunos cuentos que tratan sobre el tema:

Cuando empieces a prepararle para el control de esfínteres puedes leerle cuentos que traten sobre el tema y explicarle lo que les ocurre a los personajes. A continuación encontrarás algunos títulos que pueden serte útiles:

- *¡Caca!* Incola Baxter (Ed. Timun Mas).
- *¡Ya no llevo pañales!* Violeta Denou (Ed. Timun Mas).
- *¡Fuera pañales!* Fiona Watts.
- *¡Pipí en la hierba!* Magali Bonnio (Ed. Corimbo).
- *¿Y después de los pañales?* Marianne Bogardt (Ed. Timun Mas).
- *Dudú y su orinal* Jan van Collie/Marijke ten Cate (Ed. Casterman).
- *¡Fuera pañales!* Moira Butterfield (Ed. SM infantil).

 ## El uso correcto del inodoro:

Cuando tu pequeño ya controle perfectamente los esfínteres, debes enseñarle a utilizar correctamente el baño.

- A subir y bajar la tapa del WC antes y después de cada uso.
- A orinar y defecar sin mojarse ni mancharse.

● A cortar el papel higiénico, a usar la cantidad correcta del mismo, a limpiarse sin mancharse ni mojarse la mano y a tirar el papel usado al WC.

● A tirar de la cadena después de orinar o defecar.

● A limpiarlo si ha manchado algo.

A TENER EN CUENTA:

★ Como en todo proceso, es perfectamente normal que haya avances y retrocesos. El control de esfínteres requiere tiempo, dedicación y paciencia.

¡Esto no me gusta!

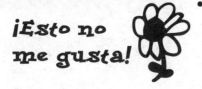

La hora de la comida puede generar conflictos importantes, sobre todo cuando el niño se niega a comer un alimento determinado. ¿Cómo debes actuar? ¿Tienes que obligarle a comerse todo lo que tiene en el plato o debes ceder a sus caprichos?

Cuando yo era pequeña, si un niño se negaba a comer algo se le dejaba sentado delante del plato el tiempo que hiciera falta; o se le retiraba pero a la hora de merendar o de cenar se le volvía a dar lo mismo. La verdad es que no era una experiencia demasiado agradable. Además, su eficacia resulta más que dudosa y puede tener efectos no deseados, como por ejemplo, el deterioro de la relación madre/hijo.

Es importante que el niño empiece a comer con los mayores como uno más lo antes posible. Y que tome el mismo menú que el resto. Si os ve disfrutar de la comida y no estáis demasiado pendientes de él, es muy posible que quiera imitaros y muestre menos reservas a la hora de probar alimentos nuevos.

> "Lo ideal es una dieta rica en carbohidratos, proteínas y grasas, pues esto le va a dar más defensas al niño y este tendrá menos riesgo y posibilidades de enfermarse."
>
> DENSE CRESPO, PEDIATRA Y NEONATÓLOGA

¿Qué hay que hacer?

Si tu hijo no quiere comer lo que tiene en el plato, pasado un tiempo prudencial puedes retirárselo, pero siguiendo las reglas siguientes:

- No le retires el plato hasta que el resto de comensales hayan terminado.
- Dile que si no quiere comer que no coma, pero que debe permanecer sentado en la mesa y tranquilo hasta que los demás hayan terminado.
- No le des ningún otro alimento o bebida, ni mientras espera sentado en la mesa ni una vez se haya levantado de la mesa. Deberá esperar hasta la comida siguiente.
- No guardes el plato para la comida siguiente. Es mejor dar por zanjada la cuestión que prolongar la tensión indefinidamente. Ya habrá otra oportunidad de probar ese alimento en concreto. Y tranquila; no se va a morir de hambre por saltarse una comida.

Utiliza la imaginación:

Comer debe ser un placer y por tanto la introducción de nuevos alimentos en su dieta debe realizarse de forma paulatina, con paciencia y con un poco de imaginación. El día que introduzcas los guisantes no los hagas de primer plato; bastará con que le pongas un puñado pequeño junto al pescado. Déjale que juegue con ellos y que los manosee. Y no montes un drama si solo se come tres o cuatro. Sigue usándolos solo de acompañamiento hasta que se acostumbre a su sabor y los acepte más o menos bien. Ya habrá tiempo de ampliar la ración. Si se trata de una fruta, basta con que le des un pedacito antes de ofrecerle su fruta preferida. Y si has preparado una salsa exótica, ponle la carne sin salsa y añade un poco de la salsa en una esquina del plato. También puedes ofrecerle un alimento nuevo justo antes de su plato preferido; seguro que se muestra más receptivo. Se trata pues de tener paciencia, de ser flexible y de

A TENER EN CUENTA:

★ Es verdad que nuestros padres nos obligaban a comer a la fuerza en muchos casos, pero eso no significa necesariamente que fuera un buen método.

agudizar el ingenio. Verás como poco a poco va ampliando sus gustos culinarios.

El hambre como método educativo:

Es evidente que los niños comen más y mejor cuando están realmente hambrientos. Puedes tener en cuenta este principio para conseguir que tus hijos adquieran unos buenos hábitos alimenticios:

Es más probable que tu hijo ingiera algo por lo que no siente una especial predilección si tiene mucha hambre que si no la tiene.

Te será más fácil introducir un plato nuevo cuando tu hijo esté realmente hambriento, de modo que escoge bien el momento.

Cuando un niño tiene hambre de verdad, se concentra en comer y se olvida del resto.

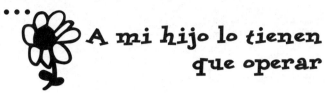

A mi hijo lo tienen que operar

Cuando un niño es internado en un hospital, ya sea a causa de una enfermedad grave o de una intervención quirúrgica sencilla, se producen dos hechos fundamentales. Por un lado, el niño se separa del resto de la familia. Por otro, se ve obligado a evolucionar en un entorno completamente nuevo y desconocido. El niño se queda, pues, sin puntos de referencia y se siente perdido y asustado.

> "La hospitalización es un elemento estresante que puede tener repercusiones negativas tales como alteraciones emocionales y comportamientos disruptivos a corto, emdio e incluso largo plazo".
>
> XAVIER MÉNDEZ, PSICÓLOGO

¿Qué debes hacer si tu hijo tiene que ser hospitalizado?

Si dispones de tiempo, prepara a tu hijo para la experiencia que va a vivir. Cuéntale lo que va a ocurrir, así sufrirá menos y dejará de imaginarse cosas raras. Ahí van algunas ideas para conseguirlo:

● Juega con él a los médicos y a los hospitales. Pregúntale a su doctor qué van a hacerle exactamente y muéstraselo al niño jugando.

A TENER EN CUENTA:

★ Depende de ti en gran medida que la hospitalización no sea una experiencia dura y traumática para tu hijo.

★ Prepara la bolsa del hospital con él. Deja que meta algún cuento y algún juguete: si tiene algo con lo que entretenerse, el tiempo se le pasará más deprisa.

● Léele algún cuento que trate sobre el tema: esto puedes hacerlo aunque no tengas que hospitalizarlo. Así, si tienes que llevarle de improviso, porque se pone muy enfermo o sufre un accidente, ya tendrá una idea de lo que puede encontrarse.

● Háblale del hospital varios días antes: menciónalo de forma casual, como quien no quiere la cosa.

● Al cabo de unos días pasa por delante del hospital, para que sepa cómo es exactamente.

● Vuelve otro día, entra en el hospital con él y visitarlo juntos, para que vaya familiarizándose con él.

● Cómprale un pijama nuevo y dile que lo estrenará cuando esté en el hospital.

● Si tiene algún peluche favorito, dile que puede llevárselo: así se sentirá más acompañado y menos desubicado. Si ha tenido que ser ingresado de repente, llévaselo tú luego.

● Una vez en el hospital, el papá y la mamá deben turnarse, sobre todo si la estancia se prolonga o si tienen más hijos. Al que esté más rato le irá bien descansar y salir un rato del hospital para desconectar; y los otros hijos también necesitan seguir viendo a papá y a mamá, al menos de vez en cuando.

Mi pequeño ha hecho un amiguito en el parque

A lrededor de los 2-3 años tu hijo empieza una etapa fundamental para su desarrollo: la de hacer sus primeros amigos. En esta fase, tú como madre debes favorecer las amistades fuera del círculo estrictamente familiar, porque de ese modo potenciarás en tu hijo la autonomía y la seguridad en sí mismo. Piensa que los amigos al principio son meros compañeros de juegos pero que con el tiempo cobran importancia y se convierten en las personas que acompañan a tu pequeño y le enseñan a compartir, a resolver conflictos, a desarrollar la empatía y a ver la vida desde el punto de vista de otros.

Cuál debe ser la actitud de los padres:

Intenta que tu hijo coincida regularmente con sus amiguitos del parque o de la guardería, en un entorno seguro y protegido que facilite la interacción entre ellos.

Evita inmiscuirte. La presencia de un adulto inhibe los contactos, los juegos y las conversaciones entre ellos. Cuando no se sienten controlados descubren por sí mismos la forma de hacer amigos, por pequeños que sean.

Si surge algún conflicto entre ellos y te ves obligada a intervenir, intenta no emitir juicios sobre quién tiene la razón y quién no. Lo mejor que puedes hacer es invitarles a resolver el problema ellos solos; por regla general acaban encontrando la solución más apropiada. Diles algo así: "Solo hay un cubo y lo queréis los dos, ¿qué podéis hacer?".

No te tomes demasiado en serio sus enfados y sus palabras. A esa edad, cuando se enfadan suelen decir cosas como "pues ya no soy tu amigo" o "nunca más jugaré contigo". Es su forma de expresar que en ese momento están enfadados. Pero se les pasa enseguida y no suelen ser nada rencorosos, así que si no le das demasiada importancia a los cinco minutos volverán a ser amigos.

Si dejan de lado a tu hijo, escúchale. Si le prestas atención y le demuestras tu apoyo le resultará más fácil superar el problema y volver a unirse al grupo. De este modo evitarás, asimismo, que su autoestima se resienta y que empeore la imagen que tiene de sí mismo.

Mi hijo ha hecho un
amiguito en el parque
Susan Benjamin

A TENER EN CUENTA:

★ Conocer a tu hijo implica conocer sus preferencias y sus amigos.

 ## Mi hijo tiene un amigo imaginario:

Muchos niños pequeños tienen un amigo imaginario. Inventan un mundo de fantasía que les sirve para expresar sus miedos, sus inquietudes y también sus deseos, sintiéndose a salvo.

✸ No le des alas ni estimules la fantasía, pero no te preocupes.

✸ No le riñas ni le prohíbas que hable con su amigo imaginario.

✸ Cuando hable con su amigo imaginario escucha lo que dice: posiblemente conseguirás alguna pista que te ayude a entender porqué lo tiene.

✸ Potencia el juego con otros niños, para que vaya abandonando poco a poco ese mundo de fantasía.

✸ La mayoría de niños se olvidan de su amigo imaginario alrededor de los 6-7 años.

✸ Solo debes preocuparte si tu hijo se vuelve marcadamente retraído o muestra un comportamiento agresivo.

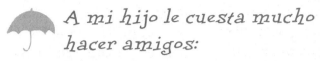

A mi hijo le cuesta mucho hacer amigos:

Si le cuesta realmente mucho, es posible que tenga un problema de autoestima, de timidez o de falta de habilidades para relacionarse con los demás. En ese caso te aconsejo lo siguiente:

● Intenta potenciar la confianza en sí mismo.

● Propicia encuentros con otros niños de su edad, pero creando situaciones en las que se sienta a gusto: con primos, con hijos de amigos, etc.

● No le fuerces ni le obligues, ya que podría ser contraproducente. Debes respetar su forma de ser y ayudarle poco a poco a descubrir que es bonito tener amigos.

● Apúntale a alguna actividad donde pueda conocer a otros niños: teatro, baloncesto, piscina, etc.

"Entre los 2 y los 4 años los niños cambian a menudo de amiguitos; a partir de los 5 años las amistades suelen volverse más estables."

COKS FEENSTRA, PSICÓLOGA INFANTIL

Mamá es tonta

Los berrinches o rabietas son una forma de comportamiento destructivo o pícaro que se caracteriza por los llantos, los gritos y los movimientos incontrolados, y que aparece como respuesta a necesidades no satisfechas. Cuando el niño se siente frustrado, enfadado o desesperado reacciona con una descarga emocional en la que es completamente incapaz de controlar sus emociones y su temperamento. De este modo intenta llamar nuestra atención para obligarnos a satisfacer sus necesidades o deseos.

Ante este tipo de reacciones, los padres debemos tener claro cómo reaccionar y mostrarnos firmes y consecuentes. Debemos enseñar a nuestros hijos a expresar sus enfados de forma correcta y apropiada. De lo contrario, cabe la posibilidad de que no aprendan a controlar nunca sus ataques de mal genio y acaben convirtiéndose en verdaderos expertos de las rabietas.

 ## Principales motivos de las rabietas:

En general las rabietas se deben a que el niño se niega a aceptar las reglas impuestas por papá y mamá:

- El niño quiere que le compres algo y tú le dices que no.
- El niño se niega a comer, o quiere comer otra cosa.
- El niño quiere hacer algo que no puede hacer.
- El niño no quiere irse a la cama.
- El niño quiere que le dejes algo tuyo que tú no quieres dejarle porque puede romperse o porque es peligroso.

 ## Qué debes hacer y qué no:

✳ Si las rabietas aparecen de forma ocasional entre el año y los cuatro años, no debes preocuparte ni perder los nervios; forman parte de su desarrollo personal y de su proceso de autoafirmación. Déjalo solo para que se calme, por

ejemplo en su habitación, y por supuesto no satisfagas sus deseos. Tiene que aprender a respetar las normas y los límites. Si cedes a sus demandas aprenderá que el soborno es algo bueno y muy útil. Cuando se haya calmado del todo enséñale a pedir perdón; explícale que es una forma eficaz de poner fin a los conflictos.

☀ Si las rabietas son muy frecuentes o se prolongan más de 15 minutos, es que no has sabido marcarle los límites y el niño se ha acostumbrado a conseguir las cosas por medio de las rabietas. Deberás empezar de cero lo antes posible. Cuando tenga un berrinche, déjale solo en su habitación o quédate a su lado para evitar que se haga daño, pero sin decirle nada ni hacer nada. Cuando se calme, déjale un rato para que acabe de recomponerse. No cedas a sus caprichos. Tampoco le riñas ni le grites; debes demostrarle que tú sí eres capaz de controlar tus emociones y que eso es precisamente lo que quieres que aprenda: a controlar sus propias emociones. Simplemente explícale que no te ha parecido bien su reacción y el por qué; cuanto más sencilla sea la explicación, mejor.

> "Las rabietas son la manifestación de ira o frustración ante situaciones que el niño no es capaz de controlar. Son más frecuentes entre los 2 y los 4 años porque en esta etapa empiezan a desarrollar su propia independencia y ya no aceptan tan fácilmente el control que ejercen los demás sobre su vida o los límites que les imponen los padres."
>
> LOLA RAVATI, ESPECIALISTA EN TEMAS INFANTILES

¿Cómo puedo evitarlas?

La mayoría de las situaciones que provocan una rabieta son de lo más previsibles y por tanto puedes evitarlas.

● Si cada vez que sales con tu hijo o vas con el al supermercado le compras una chuchería o un juguetito, este se acostumbrará a pedirlo sistemáticamente y cuando no lo consiga cogerá un berrinche. Las chucherías y los regalos son para las ocasiones realmente especiales. Convierte la visita al supermercado en algo divertido: deja que sea él el que coge las cosas y las mete en el carro; o juega a ver quien encuentra antes la estantería de las aceitunas. Y si quieres premiar a tu hijo por portarse bien en el supermercado, dile que como premio te sentarás a hacer un rompecabezas con él al llegar a casa.

● Las rabietas suelen ser más frecuentes cuando el niño está muy cansado o tiene hambre, o después de hacer algo excitante, como una fiesta de cumpleaños, de modo que respeta sus horarios e intenta que no se agote en exceso.

● Asimismo, las rabietas suelen ser más habituales cuando estamos fuera de casa, especialmente en lugares donde hay mucha gente. El niño aprende rápido que cedes antes cuando estás ante un público numeroso. Si estás trabajando el tema de los berrinches y sales con él, intenta mantenerlo ocupado y distraído.

● También suelen ser peores delante de otros familiares, sobre todo delante de los abuelos. Muchas veces el papá o la mamá se sienten más intimidados o débiles delante de sus propios progenitores o de los suegros y el niño se da cuenta de inmediato. Habla con ellos y explícales que estás intentando solucionar el tema de los berrinches y que esperas contar con su ayuda.

● Si adviertes que tu hijo está a punto de hacer una escena, trata de distraerlo. Para que funcione, tienes que reaccionar con rapidez. Pregúntale algo, coméntale lo que pasa a su alrededor o pídele que te ayude a hacer algo.

¿Y si las rabietas no remiten?

Si el número de rabietas no disminuye y tu hijo no empieza a comportarse de otro modo es que:

● Tu hijo tiene un carácter realmente difícil y lo ha tenido desde que nació.

● No has sabido mantenerte lo suficientemente firme y tu hijo todavía no ha aprendido a controlar su genio.

● No has reaccionado de forma consecuente ante sus berrinches de modo que tu hijo no ha aprendido a controlar su ira.

● Tu hijo ha visto muchos enfados y ataques de ira en casa, y piensa que son un buen método para conseguir lo que uno quiere.

● Si tu hijo se enfada cada vez que se siente frustrado es que ya se ha convertido en un mal hábito para él. Te aconsejo que consultes a un psicólogo infantil.

A TENER EN CUENTA:

★ Está claro que ante un berrinche a veces es más fácil rendirse y ceder, pero es mejor mantenerse firme, cueste lo que cueste. A la larga te evitarás un montón de problemas y conseguirás que tu hijo sepa comportarse en sociedad.

Ya me visto solo

Alrededor de los dos años a muchos niños les entra una necesidad irresistible de quitarse la ropa y luego intentar ponérsela de nuevo. Aprovecha ese deseo para que empiece a adquirir una mayor autonomía en ese tema. Pero ármate de paciencia y tómatelo con calma. Tu hijo todavía es bastante torpe en estos menesteres, y se mostrará impaciente y muy, pero que muy cabezón. A pesar de todo, vale la pena que le dejes intentarlo.

A cada edad una habilidad:

- A los 18 meses, el niño demuestra una habilidad pasmosa para quitarse los guantes, los zapatos y los calcetines; sin embargo en incapaz de volvérselos a poner él solo.
- Alrededor de los dos años el niño es capaz de desvestirse de cintura para abajo, porque esta parte de su cuerpo la ve mejor y porque a ella llega perfectamente con las manos; sin embargo de cintura para arriba todavía tiene muchos problemas.

"Dejarle probar, aunque a veces se eternice, es el secreto para que acabe haciéndolo muy bien."

ESTHER GARCÍA, PEDAGOGA Y PSICÓLOGA

● A los tres años la mayoría de niños saben desvestirse sin problemas, a menos que lleven alguna prenda muy complicada. Aprovéchalo y pídele que se desnude solo antes del baño o cuando toque ponerse el pijama.

● A los cuatro años empieza a vestirse solo, pero hay muchas prendas o técnicas que todavía le cuestan, por ejemplo abrochar botones, subir cremalleras, atarse los cordones, etc.

● A los cinco años el niño debe ser capaz de vestirse y desvestirse solo, al menos en su mayor parte.

Es normal que un día le apetezca vestirse solo y al siguiente se haga el remolón. O que se ponga la camiseta del revés y meta las dos piernas en la misma pernera. Quítale importancia y enséñale a hacerlo bien. Si a los cinco años no se siente atraído por esta actividad, prueba lo siguiente:

● Anímale a disfrazarse con algún disfraz o con ropa vieja.

● Pídele que te ayude a preparar la ropa para el día siguiente.

● Mientras le vistes, juega con él a que te pase la prenda correcta cuando tú la menciones: "Ahora toca el pantalón".

● Juega a vestir y a desvestir a las muñecas o a los peluches.

● Vístete delante de él y explícale lo que haces en cada paso. Intenta que resulte divertido para los dos.

Método para enseñarle a vestirse:

✳ Escoge un día que no tengas prisa, por ejemplo un domingo.

✳ Enfócalo como un juego: "Vamos a jugar a vestirnos".

✳ Si quieres puedes poner música de fondo; o cantarle tú una canción infantil que hable del cuerpo humano, por ejemplo.

✳ Primero vístele tú: cuéntale paso a paso lo que vas haciendo, para qué sirve cada prenda, cómo se llama, de qué color es, etc.

✳ Luego desvístele de nuevo y anímale a que se vista él solito.

✳ Para que no se confunda, las primeras veces puedes darle tú las prendas, de una en una y en el orden correcto.

✳ Si consideras que hace falta, puedes darle alguna instrucción verbal.

✳ Cuando termine felicítale. Así se sentirá satisfecho y con ganas de volverlo a intentar otro día.

 ## ¿Cómo puedo estimularle?

En este período de desarrollo, puedes contribuir apoyándole y estimulándole de muchas formas:

✳ Permite que sea tu hijo el que escoja la ropa que va a ponerse. Los días de diario es mejor hacerlo la noche antes. Para facilitar la tarea puedes presentarle dos o tres opciones y establecer algunas reglas básicas de antemano: por ejemplo, si hace frío hay que ponerse ropa de abrigo; o hay cosas que no combinan, como las rayas y los cuadros.

✳ Cuando vayas de compras, deja que participe en la elección de su ropa: déjale escoger entre tres abrigos o entre tres modelos distintos de pantalones, o entre tres colores diferentes de camiseta.

✹ Cómprale ropa cómoda que pueda ponerse y quitarse fácilmente él solo.

✹ Guarda su ropa en un mueble al que llegue sin problemas, como una cómoda, las estanterías más bajas del armario, etc.

✹ Enseña a tu hijo los colores, para que se familiarice con ellos y aprenda cuáles combinan entre sí y cuáles no.

Yo pongo la mesa

A pesar de ser todavía pequeño, tu hijo puede empezar a colaborar realizando pequeños quehaceres domésticos. A esta edad los niños disfrutan imitando a los adultos y aprendiendo a hacer cosas de mayores, de modo que es un buen momento para involucrarles e iniciarles. Cuéntale lo que son los quehaceres domésticos, que hay que hacerlos entre todos y que él ya está preparado para participar. Piensa que además de las tareas propiamente dichas, con tus enseñanzas puede aprender a escuchar, a seguir instrucciones, a clasificar y a contar cosas. Y todo ello mientras amplia su vocabulario, mejora su coordinación física y aprende a ser responsable.

Enséñale a poner la mesa:

● Explica a tu hijo la tarea que vas a hacer; dile que te gustaría que te ayudara y enséñale cómo puede colaborar.
● Enséñale palabras nuevas relacionadas con la tarea: primero se pone el "mantel", luego las "servilletas", el plato "llano" va debajo del plato "hondo", etc.
● Pídele que cuente los cubiertos: necesitamos 5 cucharas soperas, 5 tenedores, 5 cuchillos, 5 cucharitas de postre, etc.
● Enséñale a colocar cada cosa en su sitio: el tenedor se coloca a la izquierda del plato, el cuchillo a la derecha, etc.
● Ayúdale a confeccionar algún adorno para la mesa y colócalo en el centro: una flor hecha con servilletas de papel, una piña pintada de color dorado, etc.

Enséñale a poner una lavadora:

● Pídele que te ayude a reunir la ropa sucia: lo mejor es tener un cesto donde todo el mundo debe dejar la ropa sucia cuando se cambia o se ducha.
● Proponle que separe la ropa por colores: todo lo azul, todo lo negro, todo lo blanco, todo lo rojo, etc. O por prendas: todos los calcetines, todas las camisetas, todos los pijamas, etc.

● Explícale que hay que comprobar que no quede nada en los bolsillos: dale tres prendas y pídele que cuente los bolsillos que tiene cada prenda y que los revise uno a uno.

● Pídele que meta la ropa en la lavadora; debe mencionar el nombre de cada prenda que mete: una camisa, un pantalón, un pañuelo, etc. También podéis jugar al juego de la memoria: he metido un calcetín; he metido un calcetín y una camiseta; he metido un calcetín, una camiseta y un pantalón; he metido un calcetín, una camiseta, un pantalón y un guante....

● Enséñale a poner el jabón y el suavizante en los cajones correspondientes. Tendrás que ayudarle un poco porque para él los botes son todavía muy pesados.

"Uno de los mayores enemigos
de tu hijo cuando
se trata de aprender
algo nuevo son las prisas."

ESTHER GARCÍA, PEDAGOGA Y PSICÓLOGA

A TENER EN CUENTA:

★ Si de verdad quieres que tu hijo aprenda y se convierta en una persona responsable, ármate de paciencia y concédele tantas oportunidades como sea necesario.

 ## Enséñale a vaciar la lavadora y a tender:

● Explícale cómo se sabe que la lavadora ya ha terminado de lavar la ropa.

● Enséñale a abrir la puerta y a colocar el barreño junto a la lavadora para poder meter en él la ropa.

● Mientras saca la ropa, el niño puede nombrar las prendas: mira, el pantalón azul de papá, mi camiseta de los leones, etc.

● Pídele que empareje los calcetines: aquí hay una azul, ¿dónde está el otro? ¿Estás seguro de que son iguales?

● Dile que vais a tender la ropa con unas pinzas muy divertidas. Enséñale como se abren y se cierran las pinzas de la ropa; pídele que las clasifique por colores o que haga un tren con ellas.

● Deja que intente colgar alguna pieza fácil, como los calcetines o un trapo de cocina.

Algunas recomendaciones útiles:

✹ Si tu hijo se esfuerza en hacer algo, no le riñas si no le sale bien del todo, ni le agobies corrigiéndole todo el

rato. Lo que el niño necesita es que le infundas ánimos y que reconozcas su esfuerzo. Dile que está haciendo un buen trabajo, que te sientes orgullosa y que debe seguir intentándolo, que a veces lleva algo de tiempo aprender a hacer algo nuevo.

 Debes escoger bien las tareas: si le pides algo excesivamente difícil para su edad, se frustrará y se mostrará reacio a hacer otras tareas.

 Dedícale tiempo: nadie nace enseñado ni aprende las cosas a la primera. Sé paciente y poco a poco conseguirás que se convierta en todo un experto.

A mi hijo se le escapa el pis por la noche

¿Qué es la *enuresis*? Es la emisión incontrolada e involuntaria de orina durante el sueño en niño mayores de cinco años, edad a la que se considera que este debe controlar del todo sus esfínteres, tanto durante el día como durante la noche. La enuresis no es una enfermedad. En la mayoría de los casos, el niño controla perfectamente la micción durante el día, pero se le escapa el pis durante la noche. Puede ocurrirle todas las noches o solo de vez en cuando.

 ## Tipos de enuresis:

✴ Enuresis primaria: se da en niños de más de cinco años que nunca han llegado a controlar la micción durante el sueño.

✴ Enuresis secundaria: se da en niños que, tras un período de control superior a los seis meses, vuelven a orinarse por la noche.

 ## Principales causas:

Existen distintos factores que pueden causar este problema de incontinencia:

● Una vejiga más pequeña de lo normal: normalmente estos niños suelen orinar con bastante frecuencia durante el día.

● Un mal entrenamiento en el tema del control de esfínteres: generalmente porque el entrenamiento se ha iniciado o demasiado pronto o demasiado tarde.

● Un sueño profundo: son niños que duermen profundamente y por tanto no reciben el aviso de que tienen la vejiga llena.

● Factores neurológicos o fisiológicos: es necesario realizar un examen específico para detectarlos.

● Factores genéticos: en muchos casos hay otros miembros de la familia que también han sufrido el problema, por ejemplo el padre o un hermano mayor.

● Problemas emocionales: el niño pasa por un momento emocional crítico como el nacimiento de un hermanito, la separación de los padres, un cambio de colegio, etc.

Algunos datos de interés:

● La enuresis afecta a un 20% de los niños de 5 años.
● Es más frecuente entre los niños que entre las niñas.
● Si el padre tuvo enuresis, el niño tiene un 45% de posibilidades de tenerla; si ambos progenitores la tuvieron, las probabilidades son del 80%.
● La enuresis primaria es la forma más común de incontinencia urinaria entre los niños.

"La enuresis no depende de la voluntad del niño, sino que se trata de un retraso para alcanzar el control de la micción. Evite cualquier tipo de reproche, brula o castigo".

ANA CARBALLO CONTI, PEDIATRA

A mi hijo se le escapa
el pis por la noche
Susan Benjamin

- Un niño que sufra enuresis puede mearse varias veces en una misma noche.
- Entre los niños con enuresis, tan solo un 1-2% de los casos están relacionados con factores orgánicos.

Principales problemas relacionados con la enuresis:

✳ El niño pierde la confianza en sí mismo: se siente un bebé y eso no le gusta.

✳ El niño teme que los demás niños se burlen de él si se enteran de que todavía moja la cama.

✳ El niño no quiere quedarse a dormir en casa de sus amiguitos por miedo a que se le escape el pis.

✳ El niño no puede disfrutar de experiencias como irse de campamento o de fin de semana con otros amigos porque no quiere que nadie descubra su secreto.

Cosas que no debes hacer:

- No le riñas, ni le castigues, ni te burles, ni le hagas reproches: la enuresis no depende de la voluntad del niño, es decir, no lo hace expresamente. Piensa que es un retraso en el control de la micción, no el fruto de un mal comportamiento.
- No limites la cantidad de agua o líquidos que puede tomar el niño: es molesto para tu hijo pero además, si bebe menos, no tendrá las sensaciones ni desencadenará los mecanismos necesarios para llegar a conseguir un control total de sus esfínteres.
- No le levantes por la noche a hacer pis: es muy difícil que el momento escogido para levantarle coincida con la sensación de vejiga llena. Así pues, será un esfuerzo inútil para ambos, ya que con ello no conseguirás que tu hijo aprenda el reflejo de la micción.
- No realices tú todo el trabajo que genere el hecho de mojar la cama: pide al niño que te ayude a retirar las sábanas mojadas, que busque y se ponga él solo otro pijama, que haga la cama contigo, que meta las sábanas en la lavadora, etc.

● No transmitas al niño tu preocupación: lo que tienes que hacer es ponerle solución cuanto antes.

● No le pongas pañales: al no sentirse mojado, el niño puede acabar acostumbrándose al problema y este se prolongará todavía más.

● No retrases el tratamiento: en cuanto tenga la edad apropiada para iniciar el tratamiento, alrededor de los seis años, no lo demores. Ponte en contacto con un especialista para solucionar el problema de forma definitiva.

● No le ocultes que a ti también te ocurrió de niño: cuéntaselo para que se sienta menos culpable y entienda que puede superarlo igual que tú.

Posibles tratamientos de la enuresis:

Actualmente existen dos tratamientos distintos:

☀ A. Con Acetato de Desmopresina (nombre comercial del producto: Desmopresin o Minurín): La DDAVP es una hormona sintética análoga a la hormona antidiurética (la vasopresina). Genera una retención de líquido, de modo que se produce una disminución del volumen de orina durante la noche. Está disponible en *spray* nasal y en comprimidos. Los pasos a seguir son:

↑ Pide hora al urólogo y explícale el problema. Dile que quieres probar el tratamiento a base de acetato de desmopresina.

↑ Tras examinar al niño y si lo considera apropiado, el urólogo te recetará el medicamento y le dirá a tu hijo que debe tomarse 2 comprimidos durante 1 mes (uno por la mañana y otro por la noche o los dos por la noche, según valore).

↑ Es importante que tanto el especialista como tú involucréis al niño: tu hijo debe confeccionar un calendario y debe marcar con una cruz verde los días que no se le escape el pipi y con una cruz roja los días que sí. Es conveniente que el urólogo hable directamente con el niño, le explique el tratamiento y le convenza de que en buena medida el éxito del mismo depende de él.

↑ Al mes se realiza una visita de control en la que el urólogo valora con el niño el calendario y le propone el plan para el mes siguiente.

A mi hijo se le escapa
el pis por la noche
Susan Benjamin

A TENER EN CUENTA:

★ A partir de los 6 años tanto los padres como el niño perciben la enuresis como un factor que repercute negativamente en la vida del niño. Por eso vale la pena ponerle remedio cuanto antes con el tratamiento adecuado.

↑ Normalmente se reduce la dosis a un comprimido diario por la noche y se sigue un mes más realizando el calendario.

↑ De acuerdo con los resultados, el urólogo irá disminuyendo la dosis hasta retirar por completo la medicación.

El principal problema de este método es que en algunos casos, cuando se abandona el tratamiento, el niño vuelve a mojar la cama.

✹ B. Con alarmas de enuresis, detectores de orina o pipi-stop (nombre comercial del producto: Dimpo o Nite-train-R): son unos aparatos que se utilizan por la noche, para enseñar el control de la micción durante el sueño. Están provistos de un sensor que detecta la humedad, es decir, la emisión de orina. Cuando detecta la humedad produce un sonido para que el niño se despierte y vaya al baño. Sustituyen al "avisador natural" que tenemos todos, el que nos hace sentir ganas de ir al baño por la noche. Este método parece ofrecer muy buenos resultados. Los pasos a seguir son:

↑ Pide hora para el urólogo y explícale el problema. Dile que te gus-

taría probar este método. El especialista realizará una exploración a tu hijo y te dirá si le parece apropiado.

↑ Compra el producto en la farmacia. Comprueba que sea una marca fiable y de calidad.

↑ Por la noche, coloca el pipi-stop correctamente: lee las instrucciones con atención antes de utilizarlo la primera vez.

↑ Explica al niño cómo funciona y lo que esperas de él: el pipi-stop le enseñará a reconocer el momento en que la vejiga está llena y a despertarse para ir al baño o aguantar.

↑ Cuando el niño empiece a orinarse, sonará un pitido que le despertará: dile que cuando eso ocurra debe levantarse e ir al baño a hacer un pis.

↑ Cuando el aprendizaje este adquirido, retira el pipi-stop.

Tanto en un caso como en el otro, debes elogiar los logros y avances de tu pequeño, apoyarle en todo momento y animarle los días cuando los resultados no sean los esperados. Demuéstrale que confías en él.

Quiero jugar con el ordenador

A muchos padres les preocupa que sus hijos puedan volverse adictos a los videojuegos. O que a consecuencia de ellos sus pequeños lleven una vida excesivamente sedentaria y por tanto poco saludable, o se alejen de la realidad para perderse en un mundo irreal y de fantasía en el que a menudo la violencia ocupa un lugar predominante. El problema, no obstante, no son los videojuegos en sí, si no el uso que se haga de ellos. Mi consejo es pues que le enseñes a usarlos de forma responsable.

Ventajas de los videojuegos:

✳ Te permiten disfrutar de un poco de tranquilidad y descanso: si tu hijo está entretenido con un videojuego, sabes que dispones de un rato de asueto durante el que no se moverá ni hará ninguna trastada.

✳ Mejoran la coordinación manual y visual del pequeño.

✳ Desarrollan su capacidad deductiva, su memoria y su intuición.

✳ Le enseñan a enfrentarse a todo tipo de desafíos y a solucionar problemas.

✳ Estimulan su imaginación y su creatividad.

✳ Le permiten familiarizarse con el mundo de la informática, algo que el día de mañana le puede ser muy útil.

✳ Hay estudios que demuestran que el niño quema calorías mientras juega a un videojuego, de modo que dentro de ser una actividad sedentaria esta sería menos perjudicial que ver la televisión.

Actitud que debes adoptar:

✳ Averigua más cosas sobre los videojuegos: hay algunos que son muy violentos y que no transmiten ningún valor, pero también hay otros que resultan muy creativos e interesantes. Pide información, habla con amigos que tengan niños y haz tu propia selección.

✳ No te cierres en banda: casi nada es absolutamente malo o absolutamente bueno. Además, si los criticas sistemáticamente a tu hijo le costará más hablar del tema contigo.

✳ Si hay algún videojuego que te parece una monstruosidad, díselo abiertamente. Si el problema es que te parece muy violento, aprovecha la ocasión para hablar con tu hijo sobre la violencia. Pregúntale qué siente cuando "se carga a alguien". Invítale a reflexionar. La charla puede resultar muy interesante.

✳ Siéntate a jugar con él: podéis pasar un buen rato juntos y es la mejor manera de conocer realmente el videojuego en cuestión.

"Los videojuegos son, para muchos niños, el juguete favorito: si les dejásemos, estarían jugando ante la pantalla todo el día. De ahí la necesidad de ponerles límites y de conocer los contenidos de sus videojuegos."

MARGA CASTRO, ESPECIALISTA EN TEMAS INFANTILES

A TENER EN CUENTA:

★ Habla abiertamente con tu hijo sobre los aspectos negativos del los videojuegos; resultará muy instructivo para ambos.

Medidas que debes adoptar:

● Fija un horario o un tiempo determinado para que tu hijo juegue a los videojuegos. O úsalos solo para momentos especiales.

● No dejes que juegue más de una hora seguida.

● Explícale que debe sentarse a una cierta distancia de la pantalla y que es importante que se siente bien, con una buena postura.

● Dile que debe encender la luz de la habitación cuando entre poca luz por la ventana, para no dañarse la vista.

● Controla el tipo de juegos que elige y siéntate con él de vez en cuando a jugar.

● Si no respeta las normas, déjale sin jugar.

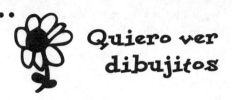

En muchas casas la televisión es una fuente de conflictos. Puede ser un aparato mágico y fantástico, pero también problemático y desesperante. En el tema de la televisión, son dos los aspectos que has de considerar. Por un lado el tiempo que tu hijo pase delante de ella y por otro el tipo de programas que ve. El secreto está en usar este aparato de forma responsable y con un poco de sentido común.

Algunas medidas útiles:

✴ Enséñale a seleccionar los programas que más le gustan: evitarás que adquiera el hábito de sentarse delante del televisor y tragarse todo lo que echen.

✴ No le dejes ver programas en los que la violencia sea gratuita o excesivamente cruda, es decir, aquellos en los que se transmita el mensaje de que la violencia es algo normal.

✴ No hay nada malo en que el niño vea a dos personas besándose y abrazándose, pero no debes dejarle ver escenas de sexo degradantes o perversas.

✴ Supervisa los programas que ve: si seleccionas buenos programas el televisor dejará de ser un enemigo y se convertirá en un aliado.

✴ Hay programas que no le aportan demasiado pero que tampoco son perjudiciales: bastará con que los dosifiques.

✴ La televisión pueden ser una fuente de inspiración que despierte su interés por cosas como la música o el deporte.

✴ Los reportajes o documentales puede sensibilizarle sobre los problemas de los demás, pero hay que seleccionar bien el material: ya sabes lo que dicen, una imagen vale más que mil palabras.

✴ Puedes utilizar la televisión como excusa para realizar otras actividades: si ve un capítulo de dibujos animados que transcurren en Egipto, llévale a una exposición que gire entorno a esta civilización, y si acaba de ver un programa que trata sobre el cuerpo humano, llévalo al Museo de la Ciencia.

✴ Si le gusta una película y esta está basada en un libro, regálale el libro.

✴ Aprovecha la programación para introducir algún tema o debate interesan-

tes: compartir con los demás, dejar a un amigo de lado, el mal comportamiento, etc.

☀ Organiza una velada agradable frente al televisor: escoge una película divertida apta para todos los públicos, prepara unas palomitas y apaga la luz; será como estar en el cine pero te saldrá mucho más barato.

☀ Cuando llegue una época de vacaciones, recuérdale las normas: tu hijo dispondrá de más tiempo y resulta fácil relajarse y acabar dejándole más tiempo del necesario delante del televisor. Eso no significa que de vez en cuando, por ejemplo un día lluvioso de invierno o cuado está enfermo, no puedas saltarte las reglas.

"Seleccione programas que sean adecuados para el nivel de desarrollo de su niño y no le deje ver la tele muchas horas seguidas."

AMERICAN ACADEMY OF CHILE
AND ADOLESCENT PSYCHIATRY

 Reglas básicas para ver la televisión:

- Enseña a tu hijo a pedir permiso para encender la televisión.
- Fija un horario o un tiempo máximo para ver la televisión.
- Explícale que no debe cambiar de canal sin consultar a las otras personas que están mirando la tele con él.
- Es muy importante que entienda que el mando no es propiedad de nadie. Solo se utilizará para cambiar el canal cuando todos estén de acuerdo. Si no hay consenso, deciden los padres. Si tienes varios hijos, cuando sean más mayores puedes asignarles un día para escoger: así todos tendrán el privilegio de escoger de vez en cuando.
- El volumen no debe estar más alto de lo necesario. Tu hijo debe entender que puede molestar a otros y que es malo para sus oídos. Si cuando tú sales de la habitación vuelve a subir el volumen, apaga el televisor para que le quede claro que va en serio.
- Debe sentarse a la distancia que le digas: explícale que sentarse demasiado cerca le perjudica enormemente la vista y puede provocarle dolor de cabeza.

A TENER EN CUENTA:

★ La televisión es un gran invento, pero hay que aprenderla a usar correctamente.

★ Si hay alguien mirando un programa con interés, no debe molestarle ni hacer ruido porque sí. Si quiere jugar o hablar en voz alta puede ir a su habitación o a otra parte de la casa.

★ Si son varios, deben sentarse de modo que todo el mundo pueda ver, sin molestarse unos a otros.

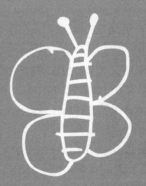

¡Todos al cole!

El inicio del colegio es una etapa difícil para la mayoría de los niños. Implica un cambio importante y como todo cambio requiere un período de aclimatación. Así pues, es más que probable que los primeros días sean duros para todos. Para tu hijo porque tiene que adaptarse a un entorno nuevo que le exige adoptar nuevos roles; para ti porque tienes que aprender a dejar al niño con otras personas y en otra realidad. Es perfectamente normal que ambos sintáis una mezcla de miedo, ansiedad y tristeza.

Piensa, no obstante, que puedes hacer mucho para facilitarle la adaptación a su nueva vida y que con ello le estarás haciendo más autónomo, algo fundamental para su desarrollo como persona.

Algunos consejos básicos:

Tu hijo inicia una nueva etapa de su vida en la que va a tener un nuevo referente, su profesor/a, y en la que va a empezar a socializar y relacionarse con otros niños. Piensa que si se vive de forma positiva puede resultar una etapa maravillosa y muy gratificante para todos.

✴ Muestra una actitud positiva y firme en todo momento: no te dejes contagiar por su tristeza; es solo que tiene miedo y dudas, y que el llanto es contagioso, pero se le pasará pronto, sobre todo si ve que tú estás tranquila y no tienes dudas.

✴ Ajusta progresivamente el horario del niño al que va a tener cuando empiece la escuela: intenta que se levante, desayune, haga la siesta y se acueste más o menos a la hora que deberá hacerlo luego, en unos días, cuando empiece el colegio.

✴ El verano anterior encárgate de que deje definitivamente el pañal: se sentirá más autónomo y preparado para afrontar el nuevo reto. No tendría lógica que le dijeras que va a ir al colegio porque se está haciendo mayor y que le dejaras usando el pañal.

 Ideas para que la experiencia sea lo menos traumática posible:

✳ Algunos días antes de que empiece el curso, pasa con tu hijo por delante de su futura escuela y enséñasela. Explícale que va a ir a la escuela porque se está haciendo mayor y que allí aprenderá muchas cosas que le ayudarán a seguir creciendo; debe verlo como algo bueno, no como un castigo.

✳ Visita con tu pequeño el colegio antes de que se inicie el curso. Si es posible, preséntale a su nuevo profesor/a, enséñale su futura clase, etc. Si tiene una imagen clara del sitio y de la persona de referencia, se imaginará menos cosas raras y se sentirá más seguro.

✳ Involucra a tu hijo en los preparativos: ves con él a comprar el material escolar que necesite, deja que escoja la mochila, enséñale cómo se forran los libros, etc.

"El juego compartido es una magnífica ocasión para conocerse mutuamente, fomentar la autoestima del niño, enseñarle reglas sendillas de convivencia (compartir, ser tolerante....) y estrechar vínculos afectivos."

MARÍA COSTA, ESPECIALISTA EN TEMAS INFANTILES

A TENER EN CUENTA:

★ Aunque tu hijo se quede llorando cuando tú te marchas, no quiere decir qué se pase todo el día llorando. Lo más probable es que las actividades escolares le hayan mantenido distraído la mayor parte del tiempo.

Cuándo llegue el gran día:

En contra de lo que puedas pensar, el primer día no suele ser el peor, porque el niño no sabe muy bien lo que le espera y está emocionado porque estrena un montón de cosas. Pero tu forma de actuar y reaccionar ese primer día sí será muy importante porque sentará las bases para el segundo, el tercer y el cuarto día, cuando el niño ya sepa lo que le espera y se muestre menos colaborador. Así que intenta hacerlo bien desde el principio:

✹ La despedida debe ser corta: dale un beso y un abrazo, dile que vendrás a recogerle cuando sea la hora de salir, dedícale la mejor de tus sonrisas y vete.

✹ Si estás hecha un flan, algo más que probable sobre todo si tu pequeño no ha ido a la guardería, te toca disimular: nada de dramas ni lágrimas. Si te ve triste se preocupará y lo pasará peor.

✹ Ve preparada para poner a prueba tu capacidad de autocontrol: aunque tu hijo llore, patalee o te reclame, no debes ceder. Limítate a despedirte de nuevo y aléjate. Si te quedas junto a tu hijo más tiempo del necesario solo conseguirás empeorar las cosas. Si trabajas, vete directa al trabajo; si no trabajas, queda con una amiga, a poder ser alguna que tenga la capacidad de hacerte reír o olvidar.

✸ No se te ocurra desaparecer sin despedirte aprovechando que está despistado: solo conseguirás que se angustie y se sienta más inseguro y desvalido.

✸ Ten presente que no tiene interiorizado el concepto de tiempo. Si le dices cuándo volverás o él te lo pregunta, tus referencias deben ser claras y concretas, por ejemplo, "mamá vendrá a buscarte después de comer" o "papá vendrá a recogerte cuando te levantes de la siesta".

¿Y si sigue mostrando rechazo pasado algún tiempo?

Si transcurrido el primer mes, o después de un tiempo en que no manifestaba ningún rechazo a ir al colegio, el niño se muestra reacio, debes intentar averiguar si hay algún problema o alguna cosa que le preocupe. A lo mejor es simplemente que está enfermo, o se siente mal a causa del miedo o los nervios.

Quizás le cuesta mucho hacer amigos o hay algún niño que se burla de él y le hace pasar un mal rato. Habla con su profesor o su monitor de comedor y encárgate de solucionar el problema. Puede que no conecte con el profesor o han tenido algún tipo de conflicto que ha despertado en él una actitud de rechazo.

Si es un niño muy tranquilo es posible que le moleste sentirse rodeado de tantos amiguitos que van y vienen y no paran de moverse y de hacer ruido, especialmente cuando está en el patio.

Es posible que haya tenido algún conflicto en el comedor, el tema de la comida es bastante delicado y a veces los monitores pueden forzar demasiado a un niño o tener alguna reacción que el pequeño no entienda.

Quizás está preocupado por lo que está ocurriendo en casa: si tiene un hermanito más pequeño que se queda en casa con mamá, si hay alguien en la familia que está enfermo, etc. Recuérdale que el cole no es un sitio donde uno va cuando no tiene nada mejor que hacer.

¿Nos vamos al parque?

Jugar al aire libre no solo resulta una experiencia de lo más positiva y divertida para los niños, sino que además favorece su desarrollo emocional, físico y social. Una de las mejores cosas que puedes hacer por tu hijo es sacarlo de paseo y jugar con él en el parque o en el campo; te aseguro que una tarde de juegos compartidos al aire libre le resultará mucho más gratificante y productiva que el modelo más caro y molón de consola o el juguete más grande y caro de la tienda.

Beneficios de jugar al aire libre:

Descubre y explora el entorno por sí mismo y eso le hace más independiente y autónomo. Potencia su imaginación, se conoce mejor a sí mismo y descubre lo que de verdad le gusta y quiere hacer. Desarrolla su capacidad de concentración, mientras explora, ve y observa todo lo que le rodea. Contribuye a que el

> "Los padres deben fomentar y animar a su bebé a compartir algunos momentos todos los días con otros niños de su edad."
>
> COKS FEENSTRA,
> PSICÓLOGO INFANTIL

niño sea más sociable y descubre nuevos conceptos y amplia su vocabulario. Conoce mejor el mundo en el que vive. Contribuye a que tenga una mente más abierta.

El niño desarrolla sus sentidos: el olfato, la vista, el oído, el tacto e incluso el gusto. Realiza una importante actividad física: aprende a saltar, correr, escalar, montar en bici, dar patadas a un balón, etc. Favorece el crecimiento y el desarrollo de sus músculos y sus huesos. Potencia sus defensas inmunitarias. Recibe la luz del sol: la vitamina D ayuda a absorber el calcio necesario para que el niño se desarrolle de forma correcta; para producir dicha vitamina, la piel necesita estar expuesta a los rayos del sol. No olvides proteger a tu hijo con crema solar si hace mucho sol o va a estar expuesto al sol un buen rato. Mejora su capacidad pulmonar. Gracias al ejercicio quema más calorías y evita problemas como la obesidad.

Algunos juegos fantásticos:

El niño debe salir a la calle todo el año, haga frío o calor. Sin embargo, cuando llega el buen tiempo y se alarga el día, puedes aprovechar cualquier excusa para estar más tiempo al aire libre: una fiesta de cumpleaños, una celebración para festejar la llegada de la primavera o una velada familiar con algunos primitos. A continuación encontrarás algunas ideas y juegos para entretener a los más pequeños en cualquier ocasión:

Dentro y fuera: Coge una alfombra y fíjala bien al suelo. Explícales que sobre la alfombra están en la región conocida como "dentro", y fuera de la alfombra en la región conocida como "fuera". Los niños se sitúan alrededor de la alfombra y el adulto empieza a decir en voz alta: "dentro, fuera, dentro, fuera..."; los niños tiene que ir saltando dentro y fuera de la alfombra siguiendo las indicaciones de éste. El juego debe ir cada vez más rápido y las órdenes deben ser aleatorias: "dentro, dentro, fuera, dentro, fuera, fuera...". El niño que se equivoca queda eliminado. Puedes hacer varias rondas y que el vencedor obtenga

un punto con cada victoria. El que más puntos consiga se lleva un premio, por ejemplo una piruleta.

El juego de las estatuas: el juego consiste en poner música y hacer que los niños bailen. Al cesar la música, los niños deben quedarse quietos como estatuas, en la posición en la que estén.

Gincana: uno de los grandes favoritos de los niños de todas las edades. Requiere un poco de preparación. Debes esconder pistas en varios lugares del jardín o del parque. Al empezar el juego les das una consigna con la que deben encontrar la primera pista. Cada pista debe llevarles hasta la siguiente y así sucesivamente hasta que encuentren el tesoro, que puede ser un baúl lleno de caramelos.

Pon la cola al burro: es un juego tradicional de lo más sencillo. Colocas en la pared el dibujo de un burro sin cola. Aparte confeccionas una cola con lana o con fieltro y le pegas un trozo de velcro. Luego pegas la otra banda del velcro en el dibujo del burro, en el lugar donde debe ir la cola. Uno de los niños se coloca delante del dibujo y le tapamos los ojos con un pañuelo después de explicarle que debe ponerle la cola al burro. Los demás pueden darle indicaciones: "más a la derecha, un paso hacia delante". Les cuesta mucho acertar, pero se lo pasan pipa. Gana el que más se acerque al lugar correcto (que podemos marcar con una X grande si son muy pequeños).

La pasarela sobre el mar: marca un camino poniendo globos a lado y lado. Venda los ojos a los niños y explícales que deben pasar por la pasarela sin tocar ningún globo. El que toque un globo se cae al mar y queda eliminado. Los que lo consigan pasan a la ronda siguiente. Puedes ir estrechando el camino con cada nueva ronda o añadir una dificultad, por ejemplo, deben pasar a la pata coja.

Carrera de sacos: consigue unos sacos o bolsas grandes. Cada niño debe meter las piernas en un saco y saltar hasta llegar a la meta. Si consigues cinco sacos, haz carreras de cinco en cinco. Los campeones de cada serie hacen luego una semifinal, y los campeones de la semifinal pasan a la final.

La zapatilla por detrás: los niños se sientan en un corro y cantan: "A la zapatilla por detrás, tris tras, ni la ves ni la verás, tris tras, mirar para arriba que caen

judías, mirar para abajo que caen garbanzos..." Mientras cantan, los niños están con los ojos cerrados. El que la liga corre alrededor del corro con los ojos abiertos. En un momento dado, deja una zapatilla detrás de uno de los niños, que tiene que salir corriendo a pillar al otro.

Carreras de relevos: se forman dos o tres equipos, según el número de niños, y cada equipo coloca a sus miembros en fila. Se marca una línea de salida y una de llegada. Los niños deben ir corriendo, imitando a algún animal, saltando a la pata coja, de espaldas, arrastrándose por el suelo, etc, hasta la línea de llegada y regresar haciendo lo mismo hasta su fila. Cuando un niño llega sale el siguiente de la cola haciendo lo mismo. El primer equipo que complete la ronda gana.

El pañuelo: se hacen dos equipos por ejemplo de ocho personas y cada miembro del equipo recibe un número del uno al ocho. Cada equipo se coloca en un extremo del campo y en el centro, en un lateral, el adulto que organiza el juego. Este tiene un pañuelo. Dice un número y los niños que tengan dicho número, uno de cada equipo, deben salir corriendo hasta donde está el pañuelo, hacerse con él

A TENER EN CUENTA:

★ Lo importante es jugar con ellos y demostrarles que nos gusta compartir nuestro tiempo con ellos. Y dejar volar la imaginación.

y llegar de nuevo donde está el resto de su equipo sin que le pille el contrario. Cada niño tiene tres vidas y pierde una vida si le cogen o si no consigue pillar al contrario. Si pierde las tres vidas queda eliminado y otro del equipo se queda con su número.

Carrera de huevos: se trata de la carrera tradicional en la que hay que llevar un huevo, desde la salida hasta la meta, metido en una cuchara que llevamos en la boca. En el mercado existen versiones de plástico, para los más pequeños. Si el huevo se cae al suelo, el niño debe regresar a la línea de salida y volver a empezar. Si usas huevos de verdad, te aconsejo que los hiervas, para que estén duros.

Encesta la pelotita: Necesitas un par o tres de cubos y cinco pelotitas pequeñas por equipo (o castañas, o bellotas o piedras). Se hacen dos o tres equipos y por turnos deben tirar las cinco pelotitas y tratar de encestar todas las que pueda en el cubo de su equipo. El equipo que enceste más, gana.

Trenes de ropa: se hacen dos equipos. A la de tres deben empezar a confeccionar cada equipo su propio tren. Para hacerlo deben usar prendas de vestir o calzado que lleven puestos. El equipo que haga el tren más largo, o el que llegue primero a un punto determinado, gana.

Recoger hojas: explícales que vais a recoger hojas de distintos colores y formas, o piedras, o frutos secos, o conchas. Luego reunirlas, observarlas y clasificarlas.

Qué falta: se coloca una mantita en el suelo y sobre ella objetos diversos, por ejemplo, una hoja, una piña, una pluma, una seta, una piedra, etc. Uno de los niños se da la vuelta y se tapa los oídos; mientras los demás deciden qué objeto van a retirar. Luego el niño que se la liga se da la vuelta y debe descubrir cuál es el objeto que ha desaparecido.

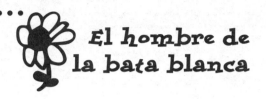

El hombre de la bata blanca

El médico, ese adulto que lleva una bata blanca, que le examina de arriba abajo, al que suele ver cuando algo no va bien del todo, que receta jarabes horribles e inyecciones que duelen, es un personaje al que los niños no suelen tenerle demasiado aprecio. Si a los adultos, que sabemos controlar mejor los miedos y entendemos las razones por las que hemos de ir al médico, no nos hace demasiada gracia, imagínate a un niño. Para muchos, una simple visita rutinaria al pediatra puede convertirse en un verdadero calvario.

Si tu hijo se pone nervioso, intenta mantener la calma para poder tranquilizarlo. Piensa que en un momento como ese te necesita más que nunca. Seguro que el contacto físico con papá y mamá, su olor, el sonido de su voz, es decir, cualquier elemento que le resulte familiar, le ayudan a recuperar la compostura y a superar el trance. Así pues, ponte en su lugar y trata de ser paciente y comprensiva.

"Explorar y descubrir su cuerpo, compararlo con el de otros niños y niñas, imitar al pediatra cuando los examina... son varios los motivos que incitan a los niños a 'jugar a los médicos', una manera de entretenerse que no tiene por qué alarmarnos, porque es inocente y habitual entre los 4 y los 6 años."

ESTHER GARCÍA, PEDAGOGA Y PSICÓLOGA

El hombre de
la bata blanca
Susan Benjamin

¿Qué es lo que teme el niño?

Su temor puede deberse a distintas causas:

 Muchos adultos tienen la manía de convertir al médico en una especie de "hombre del saco" y dicen cosas como "si no te portas bien te llevaré al médico para que te ponga una inyección". El resultado es que el niño asocia la visita al médico con algo malo y por tanto hará todo lo posible por librarse de ella.

✳ Hasta los siete meses más o menos el niño se va con todo el mundo, pero a partir de esa edad empieza a tener más claro quiénes son sus padres y separarse de ellos le causa ansiedad, sobre todo cuando la alternativa es irse con un extraño como el médico.

✳ La actitud del médico puede confundir al niño: su eficacia y concentración pueden ser interpretadas por el pequeño como frialdad y rechazo.

✳ El temor a lo desconocido unido a su imaginación inagotable: puede pensar que tiene algo peor de lo que en realidad tiene.

✳ Conversaciones de otras madres y padres sobre enfermedades, que el pequeño no sabe interpretar correctamente y le confunden.

✳ Miedo al dolor: lo mejor es explicarle qué le va a hacer el médico, sin exagerar y sin mentirle. "Notarás un pinchacito pero la molestia se pasará en seguida."

¿Cómo puedo ayudarle?

La enfermedad puede convertirse en un trauma o constituir un paso más dentro del proceso evolutivo del niño. Ayuda a tu hijo a superar este tipo de trances.

✳ Explícale siempre el motivo o la razón por la que le llevas al médico: se sincera y utiliza un lenguaje que el niño pueda entender.

✳ Intenta que tu hijo se familiarice con el médico, para que no lo vea como a un extraño; para empezar, dile como se llama: no es lo mismo ir al médico que ir a ver a Javier, y no lo uses nunca como figura de castigo e intenta quitarle hierro a la situación: cuéntale que a su edad tú también tenías que ir al médico con frecuencia.

✳ Puedes utilizar también el método de la recompensa: dile que si se porta como un valiente, no llora y colabora con el médico, al salir de la consulta le comprarás una piruleta o unas pegatinas que le gusten.

✳ Si no te gusta el trato que tu hijo recibe del médico, intenta cambiarlo. Habla con otros padres sobre los pediatras de tu centro de salud o consulta y trata de averiguar cuál se lleva mejor con los niños o tiene un trato más agradable.

✳ Si tu hijo contrae alguna enfermedad, no le ocultes la verdad: se trata de que el niño piense que la situación es nueva para él, pero no para sus padres. Eso le tranquilizará.

✳ Prepárale para el posible dolor de las curas o de las inyecciones si tienen que ponérselas; si le dices que no le va a doler o que no va a ser nada y luego le duele o lo pasa mal, la próxima vez no se fiará de ti.

✳ No dramatices ni te comportes de forma extraña o tu pequeño puede asustarse todavía más.

A TENER EN CUENTA:

★ Si tu hijo se niega a dejarse curar o a tomarse un medicamento, trata de calmarle: deja que llore y escucha sus protestas; piensa que se siente manipulado por el adulto en contra de su voluntad; explícale qué pasará si no se deja curar de forma que pueda entenderlo.

★ Los niños son pequeños pero no tienen ni un pelo de tontos, de modo que sé sincera con tu hijo y escúchale; y luego trátale de convencerle explicándole la verdad.

¡No hay manera de que se concentre!

El trastorno por déficit de atención e hiperactividad es una alteración del comportamiento de origen neurológico que resulta bastante difícil de diagnosticar hasta que el niño tiene alrededor de siete años. Los niños que lo padecen son perfectamente normales, pero requieren más atención y cuidados que el resto. Es un trastorno de carácter crónico.

Algunos datos de interés:

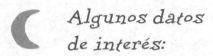

✸ Es 3 o 4 más común entre los niños que entre las niñas.

✸ El niño puede presentar síntomas de falta de atención, síntomas de hiperactividad o ambos tipos de síntomas.

✸ Es un trastorno característico de la sociedad en la que vivimos, es decir, de una sociedad en la que predominan la rapidez, los cambios constantes, la falta de sosiego, la necesidad que tienen los niños de éxito inmediato, la falta de silencio, la dificultad para escuchar a los otros o la fugacidad de las experiencias.

Síntomas principales de este trastorno:

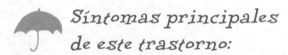

Los síntomas pueden clasificarse en tres grupos:

Síntomas de falta de atención:

● El niño muestra distracción cuando realiza una actividad.
● Comete errores y se distrae con facilidad.
● Le cuesta seguir instrucciones.
● Es olvidadizo y despistado.
● Aparentemente presenta problemas auditivos.
● Es desorganizado.
● Abandona con facilidad las tareas que requieren esfuerzo de comprensión.
● Muestra tendencia a perder objetos.

Síntomas de hiperactividad:

● Muestra nerviosismo y timidez.

● Se levanta fácilmente cuando debe permanecer sentado.

● Es excesivamente hablador.

● Muestra falta de atención a la hora de contestar preguntas.

● Le cuesta guardar el turno.

● Suele interrumpir a los demás cuando hablan.

Síntomas combinados:

Es el tipo más común y consiste en la combinación de los dos anteriores.

 Factores que explican este trastorno:

Factores psicológicos: son niños emocionalmente inestables, toleran mal las frustraciones y no saben diferenciar sentimientos básicos como el amor, el odio o la indiferencia. Algunos niños nacen con una predisposición a padecer este trastorno.

"Los problemas de atención e hiperactividad tienen un significativo impacto en el desarrollo social y académico de un niño."

MARIANA CÁNEPA, PEDADOGA

A TENER EN CUENTA:

★ Si sospechas que tu hijo puede tener alguno de estos síntomas, habla con tu pediatra para que le haga un diagnóstico más preciso y te remita a un especialista si lo considera necesario.
Si tu hijo padece este trastorno, tanto tú como él necesitaréis ayuda.

Factores físicos: si la madre fuma durante el embarazo el riesgo de que el bebé desarrolle este trastorno es tres veces mayor; otro tanto ocurre con el alcohol y con otras drogas.

Factores hereditarios: en muchos casos uno de los progenitores o ambos fueron hiperactivos en su niñez, aunque no tuviesen conocimiento de ello.

Factores ambientales: aunque la realidad sea otra, el niño hiperactivo vive en un mundo que él considera hostil, lleno de exigencias que él no es capaz de sacar adelante y que le provocan un sentimiento de inseguridad que le obliga a exigir más atención de los padres. Además, esa sensación de falta de protección le lleva a utilizar toda clase de estrategias para acaparar su atención.

Hasta los tres o cuatro años, los niños son posesivos y muy egocéntricos, motivo por el cual no saben compartir ni competir de forma sana. Hasta esa edad, pues, es difícil que comparta sus cosas de forma espontánea o que se conforme cuando pierda. Alrededor de los cuatro años, sin embargo, empiezan a reconocer las necesidades y los sentimientos de los demás. Es el momento de enseñarle poco a poco a compartir sus cosas y a respetar a los demás, sin forzarle y con mucha paciencia.

Algunos consejos para que tu hijo aprenda a compartir y a competir de forma sana:

✳ Enséñale a negociar, a afrontar los problemas y a resolverlos dialogando con los demás. Así, por ejemplo, si un amiguito y él quieren el mismo juguete, pueden pactar un tiempo para cada uno o pueden intercambiarlo por otra cosa. Tiene que aprender a perder, de modo que no le exijas que sea siempre el primero en todo. Limítate a premiar y reforzar su esfuerzo, al margen de los re-

> *"Los pediatras aconsejan no regalar más de dos o tres juguetes a un niño cuando llega su cumpleaños o los reyes magos, y fomentar el deseo de percibirlos."*
>
> Asociación Española de Pediatría (AEP)

A TENER EN CUENTA:

★ Si le das excesivo valor a las cosas materiales, es más que probable que tu hijo acabe convirtiéndose en una persona egoísta, caprichosa y materialista.

★ Tu hijo aprende por imitación, así que si te ve compartir tus cosas con los demás, si eres generosa, es más fácil que él también acabe siéndolo.

★ La mejor forma de enseñarle a compartir es compartiendo algo con él, de modo que comparte tu tiempo con él escúchale, háblale y abrázale mucho.

★ Tu amor incondicional le hará ser más generoso y mejor persona... ¡y hará que se sienta la persona más feliz del mundo!

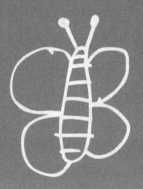

sultados; así evitarás que se pase el día compitiendo. Retrásale cada vez un poco más las recompensas, enséñale a tener paciencia: solo así aprenderá a tolerar las frustraciones y las esperas.

✳ Para aprender a compartir y a respetar a los demás tu hijo debe relacionarse con otros niños, así que sácale a pasear, llévale al parque o invita a sus amigos a merendar. Si tienes más de un hijo, es importante que enseñes al pequeño a respetar las cosas del hermano mayor.

✳ Cuando comparta sus cosas, felicítale; refuerza tu actitud dedicándole tu mejor sonrisa y unas cuantas caricias. Debe darse cuenta de que te sientes orgullosa de él cuando deja sus juguetes o cuando sabe esperar para obtener algo. Si tiene algún juguete al que tenga un aprecio singular y no quiere compartirlo, respétaselo. Puedes proponerle que le deje otra cosa a su amiguito.

✳ Explícale que es mucho más divertido intercambiar juguetes, leer un cuento con un amiguito cada uno una página, o columpiarse por turnos, que hacerlo todo solo. Aprenderá a jugar sin pelearse y acabará teniendo más amigos.

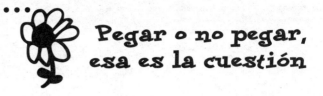

Pegar o no pegar, esa es la cuestión

Muchos padres opinan que un cachete a tiempo puede obrar maravillas. Creen que es un método altamente efectivo para enseñar a un hijo a distinguir entre lo que está bien y lo que está mal, entre lo que está permitido y lo que no. Consideran, asimismo, que si no son lo suficientemente duros, sus hijos corren el peligro de acabar siendo unos malcriados. Sin embargo esto no tiene porque ser así. Si pegas a tu hijo el mensaje que le transmites es el siguiente: "si eres mayor y más fuerte que tu contrincante, puedes pegarle" o "los problemas se solucionan por medio de la violencia". Como seguro que deducirás, tales mensajes no tienen nada de positivo.

Qué debes hacer:

✻ Ten claras tus prioridades. Fija las reglas básicas, las importantes y no las cambies según las circunstancias o el niño no sabrá a qué atenerse y pondrá en duda tu palabra.

✻ Ármate de paciencia y repite las reglas tantas veces como sea necesario: piensa que tu hijo no es todavía consciente de lo importante que es asumir las propias obligaciones. Impón castigos justos y que le ayuden a aprender la lección.

✻ Utiliza pequeños trucos caseros: si quieres que tu hijo recoja la habitación prueba algo como "me juego algo a que no eres capaz de recoger tus juguetes en menos de tres minutos" o "el primero en lavarse las manos y sentarse a la mesa se libra de recoger los platos".

Qué no debes hacer:

✻ Pasarte el día prohibiéndole cosas: corres el riesgo de que se canse y deje de hacerte caso.

✻ Perder los nervios: es mejor salir de la habitación y contar hasta diez.

✻ Ceder a la tentación de darle un cachete: hay soluciones mejores, como agarrarle fuerte del brazo para que te preste atención o dar un golpe fuerte a la

Pegar o no pegar,
esa es la cuestión
Susan Benjamin

mesa para que deje de hacer lo que está haciendo y te mire. Oirá mucho mejor lo que tengas que decirle que si está llorando desconsoladamente.

✳ Mostrar una actitud violenta: está más que demostrado que la violencia tan solo genera más violencia y por tanto no es un método nada recomendable.

> **"La práctica del castigo físico está fuertemente enraizada en nuestra sociedad en la que se ha transmitido a través de las generaciones, pero eso no quiere decir que sea la mejor forma o la forma ideal de educar a un niño."**
>
> JOSÉ LUIS GARCÍA CASTRO, PSICÓLOGO Y ORIENTADOR ESCOLAR

Por qué debo castigarle sin pegarle:

Imagínate que le dices a tu hijo que no salga del parque con el triciclo porque es peligroso, pero él decide hacer caso omiso de tus advertencias y aprovecha un descuido tuyo para salir. Si le castigas con un cachete no conseguirás hacerle entender que lo haces por su bien, porque es como si le estuvieras diciendo: "Te hago daño porque no quiero que te hagas daño". El mensaje resulta demasiado rebuscado y absurdo como para que tu hijo aprenda algo de él. Un castigo mucho más justo y apropiado será dejarle un rato sin triciclo y explicar-

le que si no lo usa de la forma correcta es demasiado peligroso, y que a lo mejor es que todavía no está preparado para usarlo responsablemente.

Si tu pequeño te hace perder los estribos y ves que estás perdiendo el control, en lugar de pegarle, grítale: aunque no es lo ideal, es preferible. Si gritas con todas tus fuerzas, lo normal es que tu hijo se quede impresionado y sorprendido y que captes toda su atención; y tú liberarás tu propia tensión y te será más fácil recuperar la compostura.

A TENER EN CUENTA:

★ La solución más rápida no siempre es la mejor. Un cachete puede ser efectivo a corto plazo, pero a la larga acaba siendo contraproducente. Te aconsejo que seas más imaginativo.

Me han dicho que las otitis duelen mucho

Existen dos tipos de infección de oído: la otitis externa, causada por el agua que queda atrapada en el oído después de nadar, y la otitis media, que aparece cuando se obstruyen las trompas de Eutaquio, unos conductois que conectan el oído medio con la parte posterior de la nariz y la garganta. La primera suele afectar básicamente a niños mayores que ya saben nadar y pasan mucho rato en el agua. La segunda, a niños menores de seis años.

> "Se piensa que es la mala función de la *trompa de Eustaquio* el principal factor causante de la otitis media."
>
> PEDRO BARREDA, PEDIATRA

Clases de otitis:

Otitis externa: esta dolencia se produce por la acumulación de agua y bacterias dentro del canal auditivo, que propicia un área de infección. Para eliminar el agua que queda estancada en los oídos después de nadar bastará con inclinar la cabeza del niño hacia un lado o introducir la esquina de una toalla dejando que absorba el líquido.

Otitis media: En los niños, las trompas de Eustquio se inflaman y se tapan con mucha facilidad debido a su configuración anatómica, más horizontal y estrecha que en los adultos. Cuando esto ocurre el oído medio, es decir, la cavidad que se encuentra entre la membrana del tímpano y la parte más interna del oído, queda taponado. Si la mucosidad o una cierta cantidad de líquido se estancan, las bacterias que suele haber en el oído medio las infectan, irritando el tímpano y provocando la formación de pus. A medida que el niño crece, no obstante, sus trompas de Eustaquio también se vuelven mayores y son menos propensas a obstruirse.

¿Qué niños son más propensos a sufrirla?

✹ Niños que pertenecen a familias numerosas o van a la guardería: cuantos más hermanos o más sean los coetáneos con los que se relaciona a diario, más probabilidades tiene de ser atacado por un virus o bacteria.

✹ Niños propensos a padecer infecciones respiratorias: la mucosa de las vías aéreas tiende a inflamarse fácilmente y a segregar más moco del habitual.

✹ Niños con una anomalía anatómica del oído que favorezca el estancamiento del moco en el oído medio.

Algunos datos a tener en cuenta:

● Cuando detectes las primeras señales de resfriado trata de mantener siempre limpia la nariz de tu pequeño para evitar el estancamiento de la mucosidad: límpiale las fosas nasales con suero fisiológico.

● Cuando tenga otitis no le tapes el oído con un algodón ya que algunas bacterias se multiplican justamente cuando a temperatura es constante y con calor.

● No fumes nunca en presencia de tus hijos: el humo de los cigarrillos ejerce una acción irritante directa en las vías aéreas tanto superiores como inferiores.

● No es cierto que los cambios bruscos de temperatura o el frío provoquen otitis.

Me han dicho que
las otitis duelen mucho
Susan Benjamin

A TENER EN CUENTA:

★ Se estima que aproximadamente el 5% de los niños presentan una predisposición a desarrollar otitis media aguda de repetición.

SÍNTOMAS DE LA OTITIS MEDIA:

★ Molestias o dolor intenso en el oído: tu hijo se toca la oreja, se la estira o se la golpea.
★ Movimientos laterales de la cabeza.
★ Fiebre. Irritabilidad. Llanto persistente. Falta de apetito.
★ Congestión, síntomas de resfriado. Dolor de cabeza. Salida al exterior de exudado.
★ Pérdida de audición.

● Si llora desconsoladamente a causa del dolor y no consigues calmarle puedes administrarle el analgésico que te indique el pediatra: dáselo por vía oral o rectal.
● La aplicación de calor local sobre la zona afectada, en este caso el oído, ayuda a calmar el dolor.
● Nunca debes meter ningún objeto en el canal auditivo.

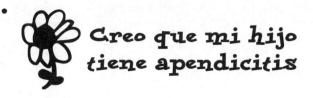

Creo que mi hijo tiene apendicitis

La apendicitis o inflamación del apéndice es un trastorno bastante común que puede tener graves consecuencias. Afortunadamente, no es frecuente en los bebés ni en los niños pequeños, aunque puede llegar a producirse. El apéndice es una prolongación del intestino ciego localizado en la parte inferior derecha del abdomen, en el extremo opuesto al recto. La inflamación se produce porque el apéndice queda obstruido por lombrices intestinales, restos de heces, semillas de fruta, etc. Si el niño no recibe asistencia médica, el apéndice sigue inflamándose hasta llegar a perforarse, complicación que puede provocar una peligrosa infección en el interior del abdomen, es decir, una peritonitis.

 ## ¿Cómo se soluciona el problema?

La única forma de curar al niño es extirpándole el apéndice. Es una intervención que requiere anestesia general pero que es relativamente sencilla y no suele durar más de treinta minutos. En una semana el pequeño estará recuperado y no tendrá ninguna secuela.

> "Si tu hijo tiene dolor abdominal no debes darle ni antibióticos, ni analgésico ni medicamentos para los cólicos, ya que podrían enmascarar el diagnóstico de apendicitis y favorecer la perforación del apéndice."
>
> PEDRO BARREDA, PEDIATRA

A TENER EN CUENTA:

★ La extirpación del apéndice no tiene ninguna secuela importante, aunque este no es un órgano inútil como se pensaba hace algunos años; actualmente se sabe que produce defensas frente a las infecciones.

★ No intentes calmar el dolor con analgésicos: los efectos del calmante podrían disfrazar los síntomas y confundir al médico.

★ No apliques calor a la zona afectada: puedes facilitar la propagación de la infección.

★ Coge al niño y llévalo de inmediato al pediatra o al hospital más cercano.

 ## Síntomas para identificarla

✳ El primer síntoma es un dolor constante en la zona del ombligo.

✳ Pasadas unas horas, dicha molestia se traslada a la parte inferior derecha del abdomen, por encima de la ingle. Dicha zona puede estar más dura de lo habitual.

✳ El niño puede reaccionar encogiendo la pierna sobre el vientre. Si camina, puede hacerlo cojeando o doblando el tronco porque es incapaz de mantenerse erguido.

✳ Cuando lleve un rato teniendo molestias, puedes efectuar la prueba siguiente: le tumbas en la cama y con los dedos presionas suavemente por encima de la ingle derecha; luego retira los dedos de repente. Si el pequeño siente una punzada es muy probable que se trate de apendicitis.

✳ Pueden presentarse también otros síntomas: náuseas, vómitos biliosos de color verdeamarillentos, estreñimiento o diarrea, falta de apetito, abatimiento y febrícula (nunca superior a los 38°C).

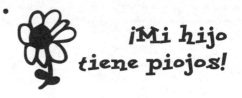

¡Mi hijo tiene piojos!

Los piojos son unos parásitos diminutos que viven en el cuero cabelludo o cerca de él. Son muy comunes y difíciles de erradicar, especialmente en los colegios, donde pasan de un niño a otro sin que podamos hacer nada para evitarlo. No obstante, si aplicas bien el método que aparece más abajo podrás acabar con ellos de una vez por todas y evitar las temidas reinfestaciones.

¿Qué son los piojos y las liendres?

Los piojos son unos insectos que viven entre los cabellos. Tienen de 2 a 4 mm de longitud. Son de color grisáceo. No tienen alas. Se alimentan de sangre que chupan de la piel de la cabeza.

Se reproducen muy rápidamente: cada hembra pone entre 100 y 300 huevos llamados liendres.

Las liendres son de color blanco y están fuertemente adheridos a la base del cabello. Hacen falta de 7 a 10 días para que se incube el huevo y se desarrolle la larva.

> "La infestación por piojos, llamada pediculosis, es muy normal entre los niños, preferentemente entre los 4 y los 6 años, y con menor incidencia entre niños de edades comprendidas entre los 6 y los 10 años."
>
> MÓNICA CAROL TORRADES,
> DOCTORA EN CIENCIAS BIOMÉDICAS Y FARMACIA

A TENER EN CUENTA:

★ No debes avergonzarte de que tu hijo tenga piojos ni ocultarlo pensando que son sinónimos de suciedad y falta de higiene; lo irresponsable es no decirlo, no ponerle remedio en seguida y dejar que sigan propagándose de cabeza en cabeza.

SÍNTOMAS

★ Comezón en el cuero cabelludo: sobre todo detrás de las orejas y en la parte posterior de la cabeza.
★ Erupción con escamas en la parte posterior de la cabeza.
★ Mayor volumen de las glándulas linfáticas que se hallan en la base del cráneo.
★ Aparición de unos puntitos blancos que están firmemente adheridos al cabello: son las liendres o huevos.

¿Qué debo hacer para erradicarlos?

✹ Ves al pediatra o al dermatólogo y pídele que te recete un preparado o champú específico: a base de permetrina.

✹ Lee bien las instrucciones del preparado y síguelas al pie de la letra. Comprueba el pelo de todos los miembros de la familia. El tratamiento deben realizarlo todos los que estén infestados sin excepciones, para evitar las posibles reinfestaciones.

✹ Peina el pelo del pequeño con un peine de púas finas o con una liandrera: para retirar los huevos o liendres que estén adheridos al cabello. Se diferencian de la caspa porque en vez de desprenderse fácilmente como esta están firmemente pegados al pelo.

✹ Trata todos los peines y cepillos con el mismo preparado o champú que utilices para el pelo; déjalos varias horas en remojo y después enjuágalos bien. Si lo prefieres, puedes lavarlos con agua muy caliente o hirviendo.

✹ Lava con agua muy caliente y por separado todas las sábanas, toallas, gorros y demás prendas que hayan estado en contacto con la cabeza del niño.

✹ Examina la cabeza del pequeño y pásale la liandrera después de lavarle el pelo a diario durante unos días, hasta que hayan desaparecido por completo. Luego sigue revisándola una vez a la semana: así si reaparecen los detectarás en seguida.

✹ Notifícalo en el colegio, para que puedan avisar al resto de padres.

 ## ¿Cuándo debo acudir al pediatra o al dermatólogo?

● Si se producen infestación con frecuencia.

● Si sospechas que tu hijo tiene piojos, pero no eres capaz de confirmar su presencia.

● Si el tratamiento prescrito no funciona o solo lo hace temporalmente.

Susan Benjamin

Los niños son más propensos a padecer una pulmonía u otras enfermedades del aparato respiratorio, sobre todo durante los dos primeros años de vida, cuando su sistema inmunitario todavía no se halla perfectamente desarrollado. Afortunadamente, hoy en día la neumonía, una enfermedad que durante años se consideró una amenaza para la salud tanto de los adultos como de los más pequeños de la casa, es muy fácil de curar. La neumonía puede ser de origen bacteriano o vírico; este último suele ser menos grave que el primero.

"Consulte inmediatamente al pediatra si su hijo presenta dificultad respiratoria, con respiración muy acelerada, retraimiento llamativo de los espacios entre las costillas o tiene cianosis (color gris o azulado de los labios y las uñas)."

JUAN JOSÉ DELGADO, PEDIATRA DEL SERVICIO GALLEGO DE SALUD

¿Cuáles son los síntomas de la neumonitis?

 ### Tipos de neumonía:

✳ **Bacteriana:** aparece cuando las bacterias que suelen estar presentes en las vías respiratorias se multiplican. Por eso afecta básicamente a aquellos que tienen un sistema inmunitario más débil, como son los niños.

✳ **Vírica:** se contrae por contagio, al estar en contacto con una persona que padece la enfermedad. Puede desarrollarse a partir de un solo foco o de distintos focos. Dicha dolencia ataca los alvéolos pulmonares o los intersticios.

✳ **Bronconeumonía:** se produce cuando la infección ataca los bronquios y zonas del tejido pulmonar.

 ### Tratamientos aconsejado en cada caso:

✳ Neumonía bacteriana:
El médico te recetará un antibiótico para tu hijo, por regla general uno que sea eficaz contra varios tipos de bacterias. Debes seguir administrando el antibiótico el tiempo indicado por el médico, aunque el niño mejore o parezca totalmente recuperado; de lo contrario podría recaer.
Si el pequeño tiene pocos meses de edad o presenta alguna complicación, deberás hospitalizarlo.

✳ Neumonía vírica:
Intenta que beba mucho líquido; de este modo las secreciones ocasionadas por la inflamación de los bronquios y los pulmones se fluidificarán con mucha más facilidad y le resultará más sencillo expelerlas. En principio, tiende a curarse por sí sola al cabo de un par de semanas. Si el médico lo considera conveniente, puedes darle algún jarabe expectorante.

¿Cuáles son los síntomas de la neumonitis?
Susan Benjamin

A TENER EN CUENTA:

★ Los virus y las bacterias que causan la neumonía son contagiosos y normalmente se encuentran en las secreciones orales y nasales de las personas infectadas. La enfermedad puede contagiarse por la tos y los estornudos, por los vasos de bebida y utensilios de comida, y por los pañuelos usados.

 Consejos para prevenir la neumonía:

✸ No debes fumar en la habitación del niño, ni hacerle frecuentar ambientes cargados de humo. Debes tener presente que el humo irrita las vías respiratorias y las hace más vulnerables.

✸ Debes intenta que la habitación del pequeño esté siempre limpia, para que respire la menor cantidad de polvo posible. No pongas ni cortinas pesadas ni alfombras en su dormitorio, ya que captan mucho polvo.

✸ Limpia a menudo sus peluches y juguetes.

✸ Si tienes chimenea en casa, asegúrate de que funciona correctamente porque de lo contrario podría producirse una acumulación de humo.

✸ Intenta no sobrecalentar tu casa: basta con tener una temperatura ambiente de 20-21°C.

✸ No debes abrigar a tu hijo más de lo necesario: normalmente basta con que lleve una prenda más que tú.

¿Qué síntomas deben ponerte sobre aviso?

● Pérdida del apetito de un día para otro.
● Cansancio y falta de fuerzas.
● Tos seca.
● Fiebre alta.
● Respiración dificultosa o acelerada.
● El tórax sube y baja con mucha rapidez.
● Agujeros de la nariz ligeramente dilatados.
● Vómitos causados por el exceso de mucosidad.
● Dolor en el pecho.
● Dolor estomacal.

Mi bebé no duerme
Elizabeth Doodson

Conozca los métodos más efectivos para enseñar a dormir a su bebé.

«¿Qué puedo hacer para que el bebé duerma y me deje dormir?» Esta es sin duda la pregunta que atenaza a muchas madres y padres durante los primeros meses del bebé. Pues bien, para responder a esta pregunta la psicóloga Elizabeth Doodson ha recopilado los consejos de terapeutas, pediatras, psicólogos y especialistas en materia del sueño infantil y ha añadido las nociones básicas que todo padre debe conocer al respecto.

Los 100 primeros días del bebé
Véronique Mahé

Diario íntimo de una joven mamá.

¡Al nacer el primer bebé hay razones para sentirse perdida y desorientada! Nada es «natural»: la lactancia, cómo preparar el biberón, por qué el bebé llora tanto... En *Los 100 primeros días del bebé* podrás seguir, día a día, la experiencia de una mamá primeriza, acompañada de consejos médicos, trucos prácticos, juegos para el bebé e informaciones útiles para aprovechar al máximo los 100 primeros días, tan importantes para el pequeño... como para sus padres.

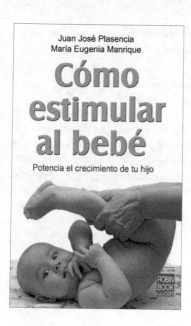

Juan José Plasencia
María Eugenia Manrique

Cómo estimular al bebé

Potencia el crecimiento de tu hijo

Cómo estimular al bebé
J. J. Plasencia y Mª Eugenia Manrique

Un manual para potenciar las facultades mentales y físicas de los niños entre 0-3 años.
Tener un hijo es una aventura extraordinaria, una suerte de amor que hace aflorar éste y otros sentimientos y que nos acompaña en este viaje conjunto. Pero junto a ello también asalta a los padres la necesidad de procurarle al recién nacido un entorno saludable que le posibilite crecer y desarrollarse en plenitud.

Este libro trata de ofrecer las pautas imprescindibles para que en estos primeros meses los padres sean capaces de ofrecer a su hijo los estímulos más adecuados para cada época de su crecimiento, tanto en el plano físico como en el intelectual.

Marianne Lewis

Los primeros cuidados del
Bebé
Consejos y soluciones prácticas

Los primeros cuidados del bebé
Marianne Lewis

Todo lo que necesitas saber para hacer más felices y seguras las primeras etapas de tu bebé.
Todos los padres primerizos se sienten perdidos ante el primer hijo. La falta de experiencia y la novedad inundan de dudas a los progenitores y estas pueden complicar la maravillosa tarea de cuidar y hacer crecer a un bebé.

La autora recoge los temas que más preocupan a los padres y aporta soluciones prácticas y consejos para que nada impida que las primeras etapas de tu hijo sean de las más felices de tu vida.

Vas a ser mamá
Marianne Lewis

Todas las respuestas a tus inquietudes.
En el embarazo es inevitable que surjan toda una serie de dudas y preocupaciones que inquietan a la futura madre. Empieza una época de cambios y nuevas experiencias, pero sobre todo empieza una nueva etapa cargada de nuevas alegrías. Este libro te da toda la información que necesitas saber presentada de forma clara y práctica, para hacer de esta etapa una de las más felices de tu vida. Consúltalo siempre que lo necesites.

Mi embarazo día a día
Véronique Mahé / Dr. Julien Saada

El diario de una futura mamá.
¿Estás embarazada? ¡Felicidades! Vas a vivir 9 meses únicos. Pero para ti es un terreno desconocido... Comparte las reflexiones, las dudas y las ilusiones de una futura madre que cuenta en su diario absolutamente todo lo que le pasa por la cabeza a lo largo de su embarazo.

De la prueba de embarazo hasta llegar al parto, el doctor Julien Saada, tocoginecólogo, comenta las confidencias de Laura y responde a todas las preguntas que se pueden plantear.